Julius Kurth (1870–1949)

Briefe an den Dichter Börries von Münch-
hausen (1874–1945)

Herausgegeben von

Hartmut Walravens

BoD

Bibliographische Information der Deutschen Nationalbibliothek:
Die Deutsche Nationalbibliothek verzeichnet diese Publikation in der
Deutschen Nationalbibliografie; detaillierte bibliographische Daten
sind im Internet über http://dnb.dnb.de abrufbar.

ISBN 9783746030333

Herstellung und Verlag:
BoD – Books on Demand, Norderstedt

Inhalt

Abkürzungen

ADB   Allgemeine Deutsche Biographie
DAZ   Deutsche Allgemeine Zeitung
DBA   Deutsches Biographisches Archiv
NDB   Neue Deutsche Biographie
RGG   Religion in Geschichte und Gegenwart

Vorwort

Die nachfolgend edierten Briefe von Julius Kurth kamen erst nach
Abschluß zweier Arbeiten über den Berliner Pfarrer und Universal-
gelehrten zur Kenntnis des Herausgebers. Sie geben vielerlei zusätz-
liche Information zu Leben und Werk ihres Autors und verdienen deshalb publiziert zu werden, zumal andere handschriftliche Quellen dieser Art bislang nicht ermittelt wurden.

Biographisches

Julius Kurth (Berlin 15. Mai 1870–23. Mai 1949 in Gerbstedt) wurde
als Sohn des Rektors Julius Kurth (1842–1891) und seiner Frau
Emma Marie Clausnitzer in Berlin-Kreuzberg geboren. Nach dem
Besuch des Gymnasiums zum Grauen Kloster studierte er seit 1890
evangelische Theologie sowie christliche Archäologie in Berlin und
promovierte mit einer archäologische Arbeit in Heidelberg. Dank
Stipendien konnte er in der Folge eine Mittelmeerreise wie auch eine
Studienreise nach Griechenland und Italien unternehmen, was seine
ägyptologischen und archäologischen Interessen sehr förderte. Er war
durch publizistische Projekte seinem Lehrer Hermann L. Strack
weiterhin verbunden; von 1900 bis 1910 war er als Assistent (Stadt-
vikar) des Berliner Generalsuperintendenten Wilhelm Faber (1845–
1916) tätig, der ihm mehr Mentor und Freund denn Vorgesetzter war.
Von 1910 bis zu seiner Pensionierung 1935 amtierte er als Pfarrer an
der Taborkirche in Berlin-Hohnschönhausen. Trotz wachsender
Dienstgeschäfte – seine Pfarre wuchs während seiner Amtszeit von
etwa 4000 auf über 20000 Seelen – arbeitete er intensiv an seinen
künstlerischen und wissenschaftlichen Hobbies: er sammelte ägyptische Altertümer wie auch Keilschriftobjekte und bearbeitete sie; seit
etwa 1900 sammelte er intensiv japanische Holzschnitte, lernte
weitgehend autodidaktisch Japanisch und veröffentlichte eine Reihe
geschätzter Monographien zum Thema. Er verfaßte Dramen, schrieb
Gedichte, komponierte und zeichnete ... Für nähere Informationen sei
auf die folgenden Publikationen verwiesen:

Ägyptiaca und Papyri der Sammlung Julius Kurth. Bearbeitet von Theresa Steckel und Henryk Löhr. Dresden: Sandstein Verlag, 2014. 432 S., 516 farb. Abb. (Bestandskatalog. Archäologisches Museum der Universität Halle-Wittenberg 1.) Der Band enthält eine gute Biographie und dokumentiert Kurths ägyptische Sammlung, begleitet von vorzüglichen Photographien.

H. Walravens: «Ich habe gearbeitet für fünf Menschen!» Julius Kurth (1870–1949) als Sammler und Erforscher japanischer Farbholzschnitte. *Ostasiatische Zeitschrift N.S.* 33.2017, 44–54. Der Beitrag konzentriert sich auf Kurths Arbeiten zu japanischen Farbholzschnitten, von denen er eine stattliche Sammlung besaß.

H. Walravens: *Julius Kurth (1870–1949). Berliner Japansammler, Gelehrter und Pfarrer. Mit seinem unveröffentlichten Sharaku-Schauspiel.* Wiesbaden: Harrassowitz 2017. [im Druck] (Asien- und Afrika-Studien der Humboldt-Universität zu Berlin 51.) Das Buch versucht eine Gesamtdarstellung von Kurths Arbeiten anhand seiner Publikationen (mit Ausnahme von Ägyptiaca), veröffentlicht Kurths ungedrucktes Schauspiel über den bedeutenden Holzschnittmeister Sharaku sowie Briefe des Zeichners und Exlibris-Künstlers Marquis Franz von Bayros (1866–1924) an Kurth; außerdem werden Informationen über seine nicht mehr erhaltene Holzschnittsammlung Kurths geboten. Setsuko Kuwabara würdigt im selben Band Kurth als Exlibriskünstler.

Im Rahmen einer im Museum Lichtenberg gezeigten Kurth-Ausstellung hat der Förderverein Schloß Hohenschönhausen eine handliche, reich illustrierte Darstellung von Kurths Leben und Werk bearbeitet:

500 Jahre Reformation. Dr. Julius Kurth, Gelehrter, Pfarrer, Künstler. Die Strahlkraft von Wissen und Glauben. Berlin: Museum Lichtenberg 2017. 80 S.

Kurths Korrespondenzpartner war der als Balladendichter bekannt gewordene Baron Börries von Münchhausen (Hildesheim 20. März 1874–16. März 1945 Windischleuba), ein Nachkomme des als «Lügenbaron» in die Literatur eingegangenen Hieronymus von Münchhausen (1720–1797), dessen Geschichten durch Gottfried

August Bürger in Deutschland verbreitet wurden. Seine Mutter war Clementine von der Gabelentz (1849–1913), deren Vater als bedeutender Linguist berühmt war[1]. Ihr Bruder Georg (Poschwitz 18. März 1840–11. Dez. 1893 Berlin), also Münchhausens Onkel, war Professor für ostasiatische Sprachen in Leipzig und dann Berlin.[2] Münchhausen studierte Jura, heiratete eine wohlhabende Frau und verwaltete seine Güter. Er war deutschnational eingestellt, wurde aber bekannt durch seine Liedersammlung *Juda*, die von E. M. Lilien (1874–1925) kongenial illustriert wurde. Seine anfängliche Judenfreundschaft, wohl gefördert durch homoerotische Beziehungen, wandelte sich später zu deutlichem Antisemitismus; er gliederte sich in das NS-System ein, gründete eine völkische Dichterakademie und wurde noch 1944 von Hitler in die Liste der «Gottbegnadeten» Künstler aufgenommen. Er beging kurz vor Kriegsende Suizid. Wurde Münchhausen lange als Volks- und Balladendichter geschätzt, so sind sein Leben und Wirken in den letzten Jahren genauer erforscht und seine literarische und politische Tätigkeit kritisch neubewertet worden.

Hier sei insbesondere die umfangreiche Studie von Henning Gans: *«Ich laß hier alles geh und stehn ...» Börries von Münchhausen, ein Psychopath unter drei Lobbyismokratien.* Leipzig: Universitätsverlag 2017. 655 S., genannt.

Politik spielt in den vorliegenden Briefen kaum eine Rolle, obwohl beide Korrespondenten dezidiert deutschnational eingestellt waren. Kurth zeigte sich begeistert von Münchhausens Dichtungen, machte ihm einen Besuch auf dem «Wiesenschloß» Windischleuba und wurde ein guter (literarischer) Freund. Zwar schloß sich Kurth zu Beginn der Nazizeit den Deutschen Christen an, nahm aber bald wieder Ab-

---

[1]   Hans Conon von der Gabelentz, Altenburg 13. Okt. 1807–3. Sept. 1874 Lemnitz, Politiker und Linguist. Vgl. Martin Gimm: *Hans Conon von der Gabelentz und die Übersetzung des chinesischen Romans Jin Ping Mei.*

[2]   Vgl. Martin Gimm: *Georg von der Gabelentz zum Gedenken. Materialien zu Leben und Werk.* Wiesbaden: Harrassowitz 2013. 140 S. (Sinologica Coloniensia 32.)

stand, als die negativen Tendenzen deutlich wurden, verfolgte jedoch Münchhausens Aktivitäten mit Wohlwollen.

Die Briefe wurden freundlicherweise vom Goethe- und Schiller-Archiv, Klassik Stiftung Weimar zur Verfügung gestellt (Signatur: GSA/69/2006); <62a-b> von der Staatsbibliothek zu Berlin, Nachlaß Münchhausen, K. 13.

Münchhausen-Porträt von Karl Rickelt, 1928

Julius Kurth bei der Arbeit an ägyptischen Statuetten

Weitere Aktivitäten Julius Kurths

Kurth ist durch zahlreiche Publikationen auf pastoralem/kirchenhistorischem und archäologischem Gebiet sowie als Ägypten- und Japan-Sammler und -Forscher bekannt. Eine Reihe seiner Veröffentlichungen hat er selbst illustriert und sich auch der Buchausstattung angenommen. Darüber hinaus war er auf anderen Gebieten tätig, wie die nachfolgenden Auszüge belegen:

> Ich male, bildhauere, komponiere (z. B. 1 1/2 herrliche Opern) und versuche mich, wenn ich mich ganz arrogant fühle, sogar in kulinarischen Kompositionen. <1>[3]

Er erwähnt weiterhin eine dramatische Skizze, die er 1888, also als Achtzehnjähriger, verfaßt hat: *Die letzte Walpurgisnacht* <34>. Ein Schauspiel über den Holzschnittkünstler Sharaku, schrieb er 1904; es ist in Kurth (2017) erstmals abgedruckt.

Von seinen Gedichten hat Kurth nur wenige veröffentlicht; sie beziehen sich auf den Ersten Weltkrieg und sind, wie er selbst bald darauf bemerkte, «Kinder ihrer Zeit». Von größerem Interesse dürfte sein «Colossus» sein, wie er ihn nannte, eine Christus-Trilogie von mindestens 16000 Versen <35, 46>.

Auch eine Art Memoiren wird erwähnt:

> «Begegnungen, Bilder und Briefe» und schildert meinen Verkehr mit bedeutenden und interessanten Persönlichkeiten. Illustriert wird es durch Bildnisse, Gegenstände, Landschaften u.s.w. in Aquarell und Sepiazeichnung und zahlreichen Selbstschriftnachahmungen. Bisher sind 150 in Diamantschrift geschriebene große Foliobogen fertig, die etwa das Vierfache im üblichen Druckformat ergeben würden, aber ich bin bisher erst bis zur Hälfte. Größeren Raum nehmen u.a. die Kapitel «Haus Doorn», «Prinz Friedrich Heinrich von Preußen», «Marquis v. Bayros und Lucie v. Pritzelwitz-Kieselhausen»[4] ein. Jetzt bin ich bei einem der umfang- und farbenbildreichsten Kapitel:

---

3   Zahlen in Winkelklammern verweisen auf die Nummern der Briefe.
4   Lucie von Pritzelwitz-Kieselhausen, Wien 1900–1926 [1927?] Berlin, Schauspielerin und Tänzerin, wurde bekannt durch *Tausend und eine Frau. Aus dem Tagebuch eines Junggesellen.*

«Börries Freiherr von Münchhausen». Bisher sind 9 Aquarelle, 5 Sepiazeichnungen, 5 Schattenrisse, 2 Wappen und 10 Autogrammnachahmungen (darunter z.B. eine ganze Seite des «fabelhaften Mannes») und etwa ein Viertel des Textes fertig. <50>

Kurz darauf meldete er den Abschluß des umfangreichsten Kapitels daraus:

Der Münchhausen-Aufsatz ist fertig. Er umfaßt 55 Folioblätter, also über 200 Druckseiten. <53>

Von Interesse ist auch Kurths Beschäftigung mit Erotica:

Mit Bayros geht es mir ebenso. Ich habe ihn nie gesehen, um so stärker aber mit ihm von 1909 bis 1921 korrespondiert. Er selbst trug zu meiner umfangreichen Bayrossammlung durch Zusendung von zahlreichen Ex-libris und Handaquarellen und -Zeichnungen bei. Daß ich ihn überhaupt sammelte, hat seinen besonderen Grund: Ich besitze eine große erotische Sammlung, die meisten Blätter (Tausende!) und Gegenstände sind japanisch, wie das meine Studien mit sich brachten, aber auch China, Indien, Persien, Altägypten, Griechenland (Vasen), Rom (Pompeji), deutsches Mittelalter sind vertreten, natürlich das meiste von mir angefertigte Kopien. Dazu kommt entsprechende Literatur, von der Wissenschaft bis zum Sumpfe der Pornographie. Ich halte die ausübende Erotik für eine große, von den wenigsten Menschen erfaßte Kunst und die theoretische für eine äußerst wichtige und wertvolle Wissenschaft. <53>

Nach Mitteilungen aus der Familie sind die erotischen Blätter nach Kurths Ableben vernichtet worden. Er hat sich aber nicht nur mit bildlichen Darstellungen befaßt, sondern war auch als Dichter und Schriftsteller von Erotica tätig, wie die folgende Mitteilung zeigt:

Ich selbst habe eine ganze Reihe von erotischen Schriften und Dichtungen, darunter ein griechisches Epos von mehr als 20000 Versen, verbrochen, werde mich aber hüten, Dich hineinschauen zu lassen. Meine erotischen Novellen habe ich übrigens neulich verbrannt, alles andere aber lasse ich unbedenklich meinen Sohn Wolf, den Mediziner und Philosophen, erben. Da

Du mich vermutlich überleben wirst, kannst Du ihn ja gelegentlich daraufhin anpreien und ihm sagen, daß die als «Übersetzungen aus dem Französischen» angegebenen Dichtungen auch von mir stammen. <53>
Kurth hat des weiteren lateinische Fabeln geschrieben <57>, von denen sich eine Probe sowie das Widmungsblatt für Münchhausen in der folgenden Korrespondenz erhalten haben.
Münchhausen erwähnt ein eindrucksvolles Epos in seinem *Fabelhaften Mann*:

> Ich sah ein von ihm gedichtetes Epos «Caligulas Träume» auf Purpurblättern mit Goldbuchstaben geschrieben und mit phänomenalen Miniaturen geziert. Ich sah ein Epos in Foliobänden, in Zierschrift geschrieben mit unsagbar schönen Initialen und Bildern, die vielleicht das verblüffendste waren: Der erste Gesang spielt in Attika – die Illustrationen, Vasenbilder in Schwarz-Rot von überwältigender Echtheit, Schönheit und griechischer Lebensfreude. Der zweite Gesang – Japan-Blätter auf Reispapier, Imitationen von Farbschnitten, die nicht von den Urbildern zu unterscheiden sind. Der dritte Gesang: deutsches Mittelalter – und man durchblättert fassungslos Seiten der Manesseschen Handschrift, französische Livres d'heures, Initial-Majuskeln in ungeheuerlicher Mönchsarbeit, plastische, wie getrieben wirkende Goldbuchstaben.

Vermutlich stammte die Idee eines Münchhausen-Schriften-Archivs von Kurth, da er auf das parallel existierende bzw. geplante Archiv von Münchhausens Dichtungen bei der Universität Göttingen hinwies. Infolgedessen sandte Münchhausen seine Manuskripte, wenn sie ihren Zweck erfüllt hatten, an Kurth, dessen Archiv von Münchhausens Prosaschriften bald über 1000 Stück zählte <50>.

Kurth hatte überdies die Korrespondenz mit seinem Mentor, dem Berliner Generalsuperintendenten Wilhelm Faber, dem er ein Gedenkbuch gewidmet hatte, aufbewahrt.

Neben den Hieroglyphen und dem Japanischen widmete sich Kurth weiteren Schriftstudien:

Ich habe einen großen Band Keilschriftstudien nach meinen eigenen 40 Tafeln hinter mir, jede Tafel aquarelliert, nachgezeichnet und auf's genaueste kommentiert. Ich habe die Dresdener Maya-Handschrift und mehrere mexikanische Handschriften teilweise kopiert – es sind über 60 Tafeln geworden. Ich habe an der Geschichte meiner alten Familie gearbeitet. Ich habe altes Geschmeide in Wasserfarben dargestellt. Ich habe Dutzende von Liedern verübt und Rosen gemalt, Bildnisse gemalt ... <46>.

Kurth katalogisierte seine Sammlungen; davon hat sich die vorzüglich illustrierte Beschreibung seiner Aegyptiaca erhalten:

Ich arbeite seit Monaten über meine ägyptische Sammlung. Ich stelle einen Katalog mit möglichst naturgroßen farbigen Abbildungen her und habe schon c. 50 Tafeln vollendet. <48>

Auf naturwissenschaftlichem Gebiet werden erwähnt:

«Atlas der spektral-analytischen Farbenbänder», farbenfunkelnde, traumhafte Bilder und schwer wissenschaftlicher Text. (*Ein fabelhafter Mann*)

sowie 2 Bände mit Zeichnungen und Aquarellen als Ergebnis seiner Marsbeobachtungen. (vgl. Kurths Aufsatz über Areographie).

Der Verbleib der meisten erwähnten Schriften und Darstellungen ist bislang ungeklärt; es ist zu hoffen, daß sich über die Kriegs- und Nachkriegswirren noch einiges in der Familie erhalten hat.

Zum Inhalt der Briefe

Im Mittelpunkt stehen Münchhausens Dichtungen, die nicht nur von Kurth, sondern auch von seiner Familie geschätzt wurden, und die Verehrung und Liebe, die sie für den Dichter empfanden. Kurth griff gelegentlich Details der Balladen oder auch Essays und Aufsätze auf, man diskutierte prosodische Fragen; wenige persönliche Treffen oder Pläne dazu lassen sich feststellen. Die Standesschranken blieben bei aller guten Freundschaft gewahrt, und erst 1941 ging man in der Anrede zum Du über. Inwieweit Münchhausen seine persönlichen Probleme und Sorgen dem Freunde offenbart hat, bleibt unklar; allerdings wird ein Paar Mal Inhaltsschwere und Betroffenheit auf Kurths

Seite konstatiert. Das mag allerdings teils auf die Situation in Remeringhausen zielen, wo Börries' jüngerer Bruder mit seiner Frau wohn-
te (offenbar keine glückliche Ehe) und wo Kurth mehrere Jahre seine
Sommerferien verbrachte. Auch die Auseinandersetzung um die
Münchhausenschen Besitztümer, angestoßen von Münchhausens
Schwestern, wird angedeutet, da auch der Besitz des «Wiesenschlos-
ses» Windischleuba in Frage stand. Münchhausens eigene Ehesitu-
ation dürfte kaum berührt worden sein. Ein schwerer Schlag war der
tödliche Autounfall von Börries jr. 1934, und Kurth spendete pasto-
ralen Trost. Gelegentlich wird Siegfried Crusius erwähnt, dem sein
Stiefvater Münchhausen mit Liebe zugetan war.

Das Zeitgeschehen spiegelt sich nur am Rande in den Briefen, so
echot Kurth die Klagen von Münchhausens Bruder über die hohen
Steuern und die elende Situation, die die «herrliche Republik» mit
sich gebracht hätte. An anderer Stelle ist von «Ludendorff und Con-
sorten» die Rede, was vonseiten Kurths nicht auf hohe Wertschätzung
dieses völkischen Populisten schließen läßt. Die neue Sprachpolitik
schimmert durch, wenn sich Kurth mit dem Hinweis auf Schiller für
den Gebrauch des Wortes *Resignation* entschuldigt, oder wenn das
Wort *Selbstschriftensammlung* auftaucht.

Das Thema Juden kommt erst spät zur Sprache – wohl von Münchhausen angeschnitten. Kurth akzeptierte offenbar, wie viele, die Ras-
senlehre, nach der bestimmte Merkmale angeboren wären – so das
Jüdeln, nicht nur in der Sprache, sondern auch in der bildenden Kunst
und der Musik. Eine Ausnahme schien ihm Mendelssohn-Bartholdy.
Kurth zeigte sich entsetzt, als Bayros als Jude bezeichnet wurde und
Münchhausen seine Bayros-Sammlung daraufhin verbrannte. Auch
das Gerücht, Richard Wagner sei in Wirklichkeit Sohn seines (jüdischen) Stiefvaters, ging Kurth nahe, während er sich mit Münchhausen in der Ablehnung Heinrich Heines einig war.

Insgesamt handelt es sich um aussagekräftige und sympathische
Briefe, die neues Licht auf Julius Kurths vielfältige Tätigkeit und Leistungen werfen.

Ein fabelhafter Mann
Von Börries Frhrn. v. Münchhausen

Ich habe nicht lange nach der Überschrift zu suchen gebraucht – jeder
der diesen Mann und sein Werk kennengelernt hat, hat wohl dasselbe
gesagt: «Ein fabelhafter Mann!» Und jeder hat verwirrt, ja geängstigt
von der ungeheuerlichen Vielseitigkeit dieser Stirne, dieses Herzens,
dieser Hand, mit dem Kopfe geschüttelt wie über ein Phänomen,
dessen Umfang er nicht zu übersehen vermochte, dessen Leistungen
in irgendeiner Sparte die Blickweite jedes Fachmannes überstiegen.
Der Mann ist wie ein Land, man kann ihn sowenig in drei Stunden
oder drei Tagen oder drei Wochen überblicken, wie man ein Reich in
allen seinen Beziehungen – geschichtlichen, erdkundlichen, künstlerischen, geologischen, pflanzen- und tierkundlichen – in drei Wochen
völlig ausschöpfen kann.
Die Sache fing damit an, daß ich ein Paket Briefe aus dem Olymp
bekam.

Ja, wirklich: Aus dem Olymp. Die Sendung war mit einem Mete-
oriten in den Garten eines Berliner Vorortes niedergesaust, und der
Besitzer hatte mir die kaum beschädigten Blätter übersandt. Goethe
schrieb mir – (ein Goetheforscher erklärte Papier, Galltinte, Schrift,
Stil, kurz die Echtheit für unbestreitbar!) – also Goethe schrieb an
mich: «Ew. Hochwohlgeboren Gedichte habe mit Spannung und
Nutzen gelesen und haftete insbesondere an den erquickenden
Pagenliedern, gegen welche meine 'Wirkung in die Ferne' etwas
antiquirt erscheint. Weiteres Glückende wünschend, getreulichst
Goethe.» Das Blatt war mit einem bisher unbekannten Scherenschnitt,
den Kopf des Absenders zeigend, geschmückt. Das nächste Blatt –
jeder Beethovenkenner beschwört die Echtheit aus hundert Ein-
zelzügen – zeigt den Kopf des Heros in einer signierten Originalzeich-
nung Lysers.[5] Der Inhalt: «Schade, schade, ich hätte ein paar kompo-
nieren können, aber für die Allgemeinheit der heutigen Lumpen wärens

---

5   Johann Peter Lyser, Flensburg 4. Okt. 1804–29. Jan. 1870 Altona, Maler,
     Schriftsteller. Von ihm stammt ein zeitgenössisches Beethoven-Porträt. Vgl.
     Allgemeines Künstler-Lexikon online.

Perlen vor die Säue – Beethoven.» Das dritte Blatt – offenbar ein aus
einem Buch herausgerissenes Blatt – trägt die Worte: «Die Mehrsten
Scribenten seyndt poltrons [hineinverbessert «und esels»] und Müsten
gehengt werden, aber Er kan mehr als die Mehrsten. Schreib Er noch
weiter so amüsantes Zeug. Mich hatts magnifiquement Erbaut. Seyn
wohlaffectionirter König Fritz.» Die ausgeglittene Gänsefeder des
Großen Königs hat eine Reihe mächtiger blaßschwarzer Flecken der
Galltinte über das Blatt gesprenkelt. Das nächste Blatt ist von E. T. A.
Hoffmann unterschrieben und trägt zwei Zeichnungen: den Kopf des
gespenstischen Erdenwallers selber und den Marqueur von Lutter und
Wegener, wie er jabotgewölbt, haar-tollig, serviette-schwenkend
einen Korb Flaschen an den bekannten Tisch in der Charlottenstraße
trägt. Der Inhalt des Briefes ist voller Witz und Grazie, ein Zweifel an
der Echtheit kann keinem Kenner Hoffmanns aufsteigen.

Mir stockte der Atem wie Ihnen, schöne Leserin («schön», weil ich
Sie nicht sehe!), freundlicher Leser («freundlicher», weil ich Sie nicht
höre!). Aber schließlich: Mein Atem kam wieder und meine natür-
liche Wohlerzogenheit auch. Der Atem entlud sich in einem stau-
nenden «Donnerwetter!», die Wohlerzogenheit in einen Brief nach
Hohenschönhausen. Ich schrieb, daß ich mich an den Namen des
freundlichen Vermittlers dieser Himmelsgrüße zwar nicht erinnere,
daß aber seine Schrift mir bekannt sei – ich vergesse immer den
Namen, meist das Gesicht, nie die Schrift eines Menschen. Ob wir
nicht schon einmal einen Brief gewechselt hätten?

Die Antwort war verblüffender noch als die erste Leistung. Der
Unbekannte schrieb: «Ich habe Sie einmal um Ihr Autogramm gebeten, und Sie haben es mir geschickt, statt mir zu antworten «Was zum
Henker Geschätztester ....» usw. Und diese meine Worte waren in
meiner Handschrift geschrieben, nein, diese meine vorgeblichen
Worte waren mitten zwischen der winzigen spitzen Schrift des
Briefschreibers von mir selber geschrieben! Ich war bereit zu beeidi-
gen, daß niemand außer mir selber diese langen, ausgedachten Sätze
geschrieben habe, meine Stil, meine (leider!) lateinische Schrift in
allen Einzelheiten, meine Schriftwendungen, meine unbekümmerte

Art, mit fremden Leuten eilig und herzlich und oberflächlich Gedanken und Gefühle auszutauschen.

Aber es blieb nicht beim geschriebenen Wort, nicht bei Schattenriß und flüchtiger Briefzeichnung! Zu meinem fünfzigsten Geburtstag schrieb mir Dürer einen Brief mit einer ganz meisterhaften Handzeichnung zu meinem Gedicht «Der dunkle Falter» – (schwarze Tusche mit Weiß gehöht) – eine Frauengestalt in Trauerkleidung vor einer Kirchhofspforte. Die obere Hälfte des Blattes füllte in natürlicher Größe ein mit der Lupe gemalter Totenkopffalter, ganz in der Art, wie der Nürnberger Meister seinen Hasen, sein Veilchensträußchen in äußerster Naturtreue hinstrichelte. Und um das Gespenstische des Eindrucks zu erhöhen: Alexander v. Humboldt legte einen seiner glatten Briefbogen dem Büttenblatt des Malers bei und bezeugte ... «daß das Modell des Dürerschen ‹Dunkelen Falters› nicht die in Europa gewöhnliche Acherontia Atropos, sondern die in Ostindien lebende Acherontia Satanas ist.» Lukas Cranach hatte mir einen Ritter zu meinem «Herzen im Harnisch» in meisterhafter Ausführung geschickt, Walter v. d. Vogelweide ein Pergamentblatt, das nur aus der Manesseschen Liederhandschrift in Heidelberg gestohlen sein kann, denn die Miniatur, das aufgelegte Gold, jede Einzelheit ist brüllend echt! Bischof Megingand von Eichstädt aus der Ballade «Der fluchende Bischof» spricht seine Glückwünsche ebenfalls auf einem Pergamentblatt des 12. Jahrhunderts aus, das geschmückt ist mit herrlicher Initiale in Gold, Rot und Blau, der Lügenmünchhausen Hieronymus schreibt in eigener Handschrift auf ein Blatt, das sein schönes hochmütiges Rokokogesicht trägt – Wunder über Wunder auf miniaturengeschmückten Blättern!

Nach der echten Schrift die echte Malerei, nach dem echten Bild als letztes das echte Gedicht: Hier, wo ich ein wenig Fachmann zu sein glaube, fing mein Staunen erst recht an, auf den Himalaja zu klettern – diese Verse waren keine mühsamen Dilettanten-Reime, sondern die Verse eines Dichters! Eine der schwierigsten Formen des Verses ist bekanntlich das Akrostichon, dessen Anfangsbuchstaben einen Namen ergeben. Friedrich Rückert, der diese Form ja von jeher liebte, schickte ein Gedicht:

Mahomets Paradies
Vor besetztem Speisentische,
Moschusduftend das Getränk,
Über mir des Aethers Frische,
Neben mir der junge Schenk.
Chidhein gleich an Jugendkräften
Heb ich froh den Becher hoch,
Huldge seinen Taumelssäften, –
Aber eines fehlt mir noch!
Und da hört ich Deiner Lieder
Sphärenrauschen über ihm,
Erzgeklirr! – Da schaun hernieder
Neidisch selbst die Cherubim!

Alles, wie die Schrift unwiderleglich beweist, aus Rückerts eigener
Feder, wie jeder Vers belegt, aus seinem Kopf entflossen. – Aber nun
erst Herrn Walters Lied:

Ze ware, her münchhusen, ir seid ein saelic man
der mailic mit fro saelde ein isern spil began.
din lantze eingeleget. den guldin sporn in rosses weich.
ir dez turneien phleget heia min valk!

Und so weiter, strophenlang in vortrefflichem Mittelhochdeutsch.
Oder in den Rokoko-Alexandrinern des Lügenmünchhausen:

In jener Götterzeit, als ich den Hirsch geschossen,
Aus dessen Prachtgeweyh ein Kirschbaum war entsprossen ....

Aber es lag auch ein Schattenriß bei, der meinen alten Vater darstellte
und in seiner Handschrift Glück wünschte, es lag ein Bleistiftbildnis
meiner lieben seligen Mutter bei, dessen rührende Begleitverse lau-
teten:

Sie preisen laut, sie raunen leis, die toten und lebenden Seelen –
In deiner Gratulanten Kreis da darf mein Bild nicht fehlen,
Mögst du das sonnengoldige Heut in trautem Kreise genießen!
Postscriptum (ich weiß, daß es dich freut:) Frau Aja läßt dich
grüßen!

Vielleicht am – darf ich sagen – grauenhaftesten war mir ein Blatt, das
in unsäglich mühevoller Lupenzeichnung eine Libelle abbildete, der

mein Junge als Kind einmal einen verlorenen Flügel durch einen aus unserer Sammlung ersetzt hatte. (Die Operation, vielleicht die erste an einem Insekt, gelang, das Tier flog, aus der Haftstellung erlöst, hoch in die Lüfte.) Darunter war der kleine Vorgang in reizenden Versen geschildert, und diese in einer kleinen, liebenswürdigen Huldigung ausklingenden Verse waren in meiner eigenen Kinderschrift wiedergegeben. Niemals hatte der Schreiber sie gesehen, sie war, wie alles ganz Verblüffende in dieser wunderbaren Welt, erahnt.

Wo soll ich aufhören mit der Schilderung der Blätter – vielleicht bei dem herausgerissenen Schulheftblatt, auf dem in der märchenhaften Rechtschreibung und in dem unnachahmlichen Stil ihrer Jahre der Unterquintaner Fritz Nagetier, sein Klassenerster Helmut Beifuß und seine «Braut» Mieze Wimmer mir Glück wünschen und in herrlichem Mißverstehen das Latein meiner Ballade «Johann Cicero» als fehlerhaft brandmarken.

Hatte ich nicht recht auszurufen: «Ein fabelhafter Mann!» Alle die vielen Gäste jenes lieben Festtages riefen dasselbe aus, und der Name *Dr. Julius Kurth* war vielleicht der meistgenannte an jenem unruhigen Tage.

Aber es kam noch besser, denn der Schreiber dieser Autogramme, der Meister dieser Miniaturen, der Maler dieser Bilder, der Dichter dieser Verse fand seinen Weg zu uns in unser stilles Wiesenschloß (ein Wunder, daß die Bahn ihn auf *eine* Fahrkarte beförderte!). Und als er unsere Sammlungen sah, erzählte er von seinen Sammlungen. Was er sammelt, nun, das können Sie sich doch bei einem «fabelhaften Manne» schon denken: Ägyptische Altertümer, insbesondere Amarna-Kleinkunst und Papyri (selbst entzifferte!), griechische Vasen und Altertümer, antike Münzen (die römischen Kaiser fast vollständig, goldene Neros und Alexanders), Münzen und Medaillen aus Ostasien, Mittelalter und dem Empire, Pergamenthandschriften, Inkunabeln, Miniaturen (zwei Athos-Handschriften aus dem 11. Jahrhundert), Autogramme (Goethe, unveröffentlichte Karikaturen E. T. A. Hoffmanns, Hohenzollern fast vollständig), Siegel, Bücher (18 Lutherdrucke, Liebhaberausgaben, Goethe-Urausgaben), eigene Ölkopien berühmter Gemälde, Kupferstiche, Radierungen (Dürer, Rembrandt – noch echter als die mir geschickten), prachtvolle chinesische, japanische und siamesische Altertümer, japanische Holzschnitte in einer wahren Renommiersammlung, polynesische und andere Waffen, Exlibris, Musikinstrumente, vorgeschichtliche Urnen, Bronzen, Steinzeitwaffen, ausgestopfte Tiere, Insekten, Fossilien, Mineralien, Pflanzen, Glas, Porzellan ....

Nein, bitte, das ist nicht übertrieben, ich bin inzwischen selber bei dem berühmten «Japan-Kurth» gewesen, (er veröffentlichte über ein Dutzend prächtig bebilderter Werke über diese Sache) und habe alles fassungslos bestaunt.

Er arbeitet zur Zeit an einer Monographie des Tournedos und hatte gerade die 29. Gattung durchgeschmeckt, als ich dort war.

Schwindelt dir, lieber Leser? Ich verzeihe, aber bitte notiere dir, daß ich nicht schwindele! Obgleich die Schilderung des fabelhaften Mannes nun, wo ich dich glücklich bis in die Hohenschönhauser Pfarre – Pastor ist er auch noch – geleitet habe, erst eigentlich beginnt. Ich sah ein von ihm gedichtetes Epos «Caligulas Träume» auf Purpurblättern mit Goldbuchstaben geschrieben und mit phänomenalen Miniaturen geziert. Ich sah ein Epos in Foliobänden, in Zierschrift geschrieben mit unsagbar schönen Initialen und Bildern, die vielleicht das verblüffendste waren: Der erste Gesang spielt in Attika – die Illustrationen, Vasenbilder in Schwarz-Rot von überwältigender Echtheit, Schönheit und griechischer Lebensfreude. Der zweite Gesang – Japan-Blätter auf Reispapier, Imitationen von Farbschnitten, die nicht von den Urbildern zu unterscheiden sind. Der dritte Gesang: deutsches Mittelalter – und man durchblättert fassungslos Seiten der Manesseschen Handschrift, französische Livres d'heures, Initial-Majuskeln in ungeheuerlicher Mönchsarbeit, plastische, wie getrieben wirkende Goldbuchstaben. Sehr bemerkenswert scheint mir, daß wir in Kurth einen Mann sehen, der völlig frei von der allgemeinen Gier nach Veröffentlichung ist. Ihm genügt es, eine Dichtung zu schaffen und sie in einem einzigen Stück auf das prunkvollste ausgestattet in seinen Schrank zu legen. Ich kenne kaum einen zweiten ähnlichen Fall. Natürlich können so viele gleichzeitig betriebene Künste nicht gleichwertig sein. Soviel ich beurteilen kann, stehen die wissenschaftlichen Arbeiten, vorab die Japanbücher, und daneben die Nachbildungen alter und fremdartiger Kunst als Illustrationen zu seinen Epen am höchsten, jedenfalls höher als die kopierten Ölgemälde. Vielleicht ist aber seine dichterische Gabe noch höher zu werten.

Ein Wort fällt über ägyptische Hieroglyphen – ein weiterer Foliant liegt vor mir, wieder Handschrift mit eigenen Wasserfarbenbildern: «Die Papyri der Sammlung Kurth», photographisch getreu nachgebildet, transkribiert, übersetzt, kommentiert.

Ein Wort fällt über die chemische Zusammensetzung der Sterne des Siebengestirns. Ein neuer Foliant liegt vor mir: ein «Atlas der spektral-analytischen Farbenbänder», farbenfunkelnde, traumhafte Bilder und schwer wissenschaftlicher Text.

Ich muß aufhören, nicht aus Mangel an Stoff, aber aus Mangel an Kraft. In etwa neun Stunden habe ich dort in dem Berliner Vororte so viel gesehen, gelernt, erlebt, daß schließlich selbst die robuste Aufnahmefähigkeit eines Landjunkers fast erlahmte.

Und doch will ich zum Schluß sagen, daß die Hauptsache der liebe Mensch war und nicht der fabelhafte Mann!

Briefe von Julius Kurth

Übersicht (chronologisch)

1	5. Jan. 1926		31a	20. März 1930 von M.
2	3. Juli 1926		32	20. Mai 1930
3	26. Juli 1926		33	17. Juni 1930
4	11. Nov. 1926		34	1. Juli 1930
5	12. Jan. 1926 [1927]		35	16. Juli 1930
6	15. Jan. 1927		36	4. Nov. 1931
7	19. Jan. 1927		37	3. Dez. 1933
8	- Jan. 1927		38	11. Jan. 1934
9	13. Febr. 1927		39	18. März 1934
10	20. Febr. 1927		40	17. Sept. 1934
11	zum 20. März 1927		41	30. Jan. 1935
12	27. März 1927		42	27. April 1935
13	7. April 1927		43	28. Jan. 1935 [1936?]
14	30. April 1927		44	28. Mai 1936
15	2. Dez. 1927		45	24. Jan. 1938
16	8. Febr. 1928		46	23. April 1938
16a	14. Febr. 1928 von Münchhausen		47	Zum 27. Jan. 1940
			48	7. März 1940
17	19. März 1928		49	19. Jan. 1941
18	11. Juni 1928		50	Zum 20. März 1941
19	16. Juli 1928		51	21.3.1941
20	19. Juli 1928		52	19. April 1941
20a	21. Juli 1928 von M.		53	[30. April] 1941
21	8. Aug. 1928 v. Wolfram Kurth		54	6. Mai 1941
			55	7. Mai 1941
22	12. Aug. 1928		56a	20. Mai 1941 von M.
22a	15. Aug. 1928 von M.		56	18. Mai 1941
23	5. Sept. 1928		57	22. Mai 1941
24	Zum 20. März 1929		58	8. Juni 1941
24a	21. März 1929 von M.		59	23. Okt. 1941
25	4. April 1929		60	22. Dez. 1941
26	16. April 1929		61	18. Jan. 1942
26a	19. April 1929 von M.		62	11. Okt. 1943
27	22. April 1929		62a	14. Okt. 1943 von M.
28	11. Aug. 1929		62b	15. Okt. 1943 von M.
29	9. Jan. 1930		63	12. März 1944
30	1. Febr. 1930		64	18. April 1944 von M.
31	Zum 20. März 1930		65	26. April 1944

1

Abs. Dr. Kurth

Zur «Olympischen Post II.»

Berlin-Hohenschönhausen
5. Januar 1925

Hochverehrter Herr Baron!

Tausend Dank für das erquickende Schreiben und die durch die prächtigen Glossen in einen Bibliophilen-Schatz verwandelte Facsimile-Ausgabe! Alles ist bei Ihnen blanker Guß .... sogar die Tinte ...., und bei mir geht Alles auseinander.

Zuerst die Antworten: Ihre medizinisch-philosophischen Fühlfäden haben meine Achillesferse ertastet; ich kann Ihnen die erfreuliche Mitteilung machen, daß der Chefarzt des Kreiskrankenhauses Burg bei Magdeburg (ausgerechnet Burg bei Magdeburg!) bei mir zwei verschieden große Pupillen festgestellt hat und mir die beruhigende Versicherung gegeben hat, daß ich baldigst verrückt werden müsse, falls ich's nicht bereits sei. Das war 1917, als ich dort selbst meine Grippe kurierte. Alle Tage betrachtete er meine Pupillen mit liebevollem Grinsen und hatte vermutlich einen Revolver bei und eine Zwangsjacke hinter sich, falls ich ein weniges tobte. Ich weiß nicht, ob ich recht tat, ihm den Umstand zu verschweigen, daß ich kurz zuvor ein volles Vierteljahr am Treptower Riesenrohr Marsbeobachtungen gemacht und dabei nur mein rechtes Auge benutzt hatte ...

Meine «Talente» unterschätzen Sie leider erheblich. Leider! Denn ein wenig Mehr von einem wäre tausendmal besser gewesen! Ich male, bildhauere, komponiere (z. B. 1 1/2 herrliche Opern) und versuche mich, wenn ich mich ganz arrogant fühle, sogar in kulinarischen Kompositionen. Die Götterzeiten, in denen ich allerdings mit verbundenen Augen Windsor-Austern von Natives unterscheiden konnte, sind in der Revolutionsschweinerei elendiglich ersoffen. Ich habe über 20 Bücher zur Strecke gebracht und dadurch 13 Verleger beglückt. Die Hauptattentäter waren R. Piper-München[6], Albert

---

6   Reinhard Piper, Penzlin 31. Okt. 1879–21. Okt. 1953 München, gründete
       1904 in München den Verlag R. Piper & Co., der sich besonders auf bildende

Brockhaus[7] und Hiersemann-Leipzig[8]. Augenblicklich hat Josef Altmann[9] eine große Mappe herausgebracht. Er ist zwar Hebräer, ich
habe ihn aber so lieb, daß er sogar nächstens, wenn meine Frau gegen
mich silberne Hochzeit feiert, als einziger nichtarischer Fettfleck mein
Gast sein wird. Er ist fraglos der taktvollste und feinste von allen
Verlegern. Im Allgemeinen will das allerdings nicht viel besagen. Der
berühmte Hofprediger Emil Frommel[10] hat einmal geäußert, er sei fest
überzeugt, daß der unbußfertige Schächer am Kreuz nur ein Verleger
gewesen sein könne!

Daß Sie auch meine «Sammlungen» unterschätzen, wird beigefügter Katalog-Entwurf erhellen. Meine Freunde haben ausgerecht, daß
die Durchsicht nicht unter 2 Wochen zu machen ist.

Ihre gütige Einladung zu einem Plauderstündchen hat mich wahr-
haft beglückt. Wie gern werde ich kommen! Vielleicht im Frühsom-
mer? Bitte verspeisen Sie die «zweite Olympische Post» zum Dessert.

Kunst sowie Literatur konzentrierte. Piper verlegte die Mehrzahl von Kurths
Japan-Büchern. Vgl. Ernst Piper: Piper, Reinhard. *NDB* 20.2001, S. 462–463.

7   Albert Brockhaus, Leipzig 2. Sept. 1855–27. März 1921 Leipzig, Verleger
     und Politiker. Vgl. Annemarie Meiner: Brockhaus, Albert. *NDB* 2.1955,
     S. 623.

8   Karl Wilhelm Hiersemann, Bortewitz 3. Sept. 1854–9. Sept. 1928 Leipzig, re-
     nommierter Antiquar und Verleger in Leipzig. Er veröffentlichte Kurths
     dreibändige *Geschichte des japanischen Holzschnitts, 1925–1929.* Vgl.
     Wilhelm Olbrich: Hiersemann, Karl. *NDB* 9.1972, S. 113–114.

9   Josef Altmann (nicht im Jüdischen Biographischen Archiv), Berliner Anti-
     quar, Auktionator und Verleger; er verlegte von Kurth: *Ausstellung von
     japanischen Holzschnitten neuer und neuester Zeit, Slg. Dr. Wilhelm Solf,
     ältere Gegenstücke Slg. Dr. Julius Kurth.* Berlin: Josef Altmann 1924. [Expl.
     nicht erm.]; *Von Moronobu bis Hiroshige. Meisterwerke des japanischen
     Holzschnittes.* Vierzig farbige Lichtdrucktafeln ausgewählt, eingeleitet u.
     beschrieben. Berlin: Josef Altmann 1924. 27 S., 40 Taf. 61 x 45,5 cm [auch
     engl. Ausg.]

10   Emil Frommel, Karlsruhe 5. Januar 1828–9. Nov. 1896 Plön, Theologe und
     Volksschriftsteller, wurde 1869 an die Berliner Garnisonkirche berufen; 1872
     wurde er zum Hofprediger und zum Militäroberpfarrer des kaiserlichen
     Gardekorps ernannt. Vgl. *DBA* I 355, 390–398; II 413,100–102; III 271, 89-
     92; *ADB* 49.1895, 184; *RGG.*

Und nun zum Schluß eine <u>Enttäuschung</u>, eine <u>Überraschung</u>, ein <u>Geständnis</u>, ein <u>Bekenntnis</u>, eine <u>Bombe</u>: (ich nehme an, Sie sitzen fest auf Ihrem Schreibstuhl, oder nehmen Sie lieber ein Sofa?) Ich bin nämlich im Hauptberuf (sitzen Sie auch bequem?) – Pfarrer, und zwar ein begeisterter, von seiner Gemeinde stark verwöhnter Pfarrer (vielleicht nehmen Sie jetzt einen Cognak?) durchaus positiver Richtung! Ich habe sogar Predigten herausgegeben, werde mich aber gewaltig hüten, sie Ihnen vorzulegen, sonst ziehen Sie die Einladung zum Plauderstündchen zurück.

Vielleicht hätt' ich's verschweigen sollen, denn die «Wissenschaft» weiß glücklicherweise nichts davon, sonst würde sie den «Japan-Kurth» nicht mehr ernst nehmen und Josef Altmann würde weimern.

Mein Ältester ist über Ihren Gruß glückselig. Da er eine scheußliche Klaue schreibt, habe ich ihm handschriftliche Erwiderung untersagt.

In großer, dankbarer Verehrung und mit Kompliment an die hochverehrte Frau Gemahlin Ihr

«Bitte nennen Sie mich Dr. oder Kurth oder sonstwie, – der ‹Pfarrer› etc. etc. ...»

2
Berlin-Hohenschönhausen, 3. Juli 1926

Hochverehrter Herr Baron!
Noch einmal schriftlich Tausend Dank für die wundervollen Tage in Windischleuba! Ein Märchenschloß Aladdins, eine Dépendance des Olymps, eine Filiale des Parnassos (auf der Hippokrene[11] schwimmen jetzt vermutlich die sieben jungen Entlein) und ein Bethanien an

---

11   «Roßquelle» – In der griechischen Mythologie eine durch einen Hufschlag
      des Pegasus entstandene, zum Dichten anregende Quelle auf dem Helikon.

Gastlichkeit! Ich habe in diesen Göttergesprächen so viel Anregung empfangen, daß ich die Eindrücke erst in Wochen verarbeitet haben werde.

Die Manuskripte sind ein Schatz! Hinter der reizenden Klingsor-Novelle «Der Zauberer»[12] liegen noch 3 numerierte Blätter einer modernen Novelle: «Über Berlin lag die brütende Sommerhitze eines mitleidlosen Julitages» (was übrigens auf heut famos paßt!) – Sollten Sie Sich nicht vergriffen haben? Das Stück ist offenbar Reinschrift, aber erst der Anfang. Falls Sie dem Ganzen versehentlich den Kopf abgerissen haben, schicke ich ihn natürlich zurück. Ich habe an dieser großen Fruchtschüssel schon in Leipzig genascht und durch sie die Hitzfahrt nach Berlin gar nicht gespürt.

Sobald ich meinen Aufsatz über die Tage in Ihrer Nähe fertig habe[13], geht er zu beliebiger Korrektur an Sie ab. Ich habe die Absicht, ihn an den «Eckhart»[14] zu geben, das eins der vornehmsten Blätter.

Geben die Götter, daß Sie der Plan eines neuen Gedichtbuches nicht losläßt, bis Sie ihn verwirklichen! Ihre noch nicht gesammelten oder überhaupt noch nicht veröffentlichten Dichtungen, die Sie vorlasen, übertreffen die früheren noch an Prägnanz und strahlender Bildhaftigkeit. Auf meinen Ältesten wirken übrigens Ihre Idyllen, wie sie schon im «Wiesenschloß»[15] auftauchen, noch stärker, als Ihre Balladen! «Wer Vieles bringt ....»

Wäre es überhaupt nicht schon so weit, daß Sie Ihre Lyrik ebenso in einem Sonderbuch herausgeben (plus der noch nicht gesammelten oder publizierten Gedichte), wie die Balladen im «Balladenbuch»[16]?

---

12   Der Zauberer. *Süddeutsche Monatshefte* 1926:4 (Januar) S. 339–352.
13   Vgl. Besuch in Windischleuba. Von Dr. Julius Kurth [über B. v. Münch-hausen.] *Der Sammler. Unterhaltungs- und Literaturbeilage der München-Augsburger Abendzeitung* Nr. 166: 22.7.1927, S. 3–4; *DAZ* 15.V.27; *Chemnitzer Tageblatt* 10.VII.27; *Königsberger Hartungsche Zeitung* 20.VIII.27; *Altenburger Landeszeitung* 18.VIII.27 (andere Version)
14   *Der getreue Eckart. Monatsschrift für das deutsche Haus.* Klosterneuburg-Weidling: Eckart-Verlag 1923 ff.
15   *Schloß in Wiesen. Balladen und Lieder.* Stuttgart: Deutsche Verlagsanstalt 1922. VIII, 149 S.
16   *Die Balladen und ritterlichen Lieder.* Berlin: Fleischel 1907. 247 S.

Lassen Sie mich bitte wissen, in welcher Zeitschrift die ersten
wissenschaftliche Besprechung Ihrer «Meisterballaden»[17] erscheint.
In großer Verehrung und stetem herzlichem Danke
der Ihrige JK

3
Berlin-Hohenschönhausen, 26. Juli 1926

Hochverehrter lieber Herr Baron!
Mein Dank kommt so spät, weil ich nicht ganz mit leeren Händen
antreten wollte: Zuerst also herzlichsten Dank für das wertvolle
Manuskript über Ihr Haus, das ich mit großer Freude gelesen habe.
Die Rokoko-Ehe ist wohl das reizendste daraus! Als ich sie genoß.
standen Goethes Rhythmen aus dem «verlorenen u. wiedergefundenen
Grafen» vor meiner Seele:

$$\cup-\cup\cup-\cup\cup-\cup\cup-$$

Und die Kinder, sie hören es gerne!
Es wäre famos, wenn Sie diesen geradezu darauf wartenden Stoff (als
sich historisch gebend) zu einem Gedicht machen würden! Und das
Rokoko liegt Ihnen ebenso, wie die Lanzknechtszeit.
   Um wenigstens etwas zu tun, las ich die «Fröhliche Woche» wohl
zum fünften mal. Eine kleine Nachlese von Vorschlägen für Cor-
rigenda füge ich bei. Das meiste werden Sie Selbst bereits verbessert
haben. Es sind z. T. nur Vorschläge: Ich bemühte mich, wie ein ganz
gehässiger Rezensent zu lesen.
   Noch eins: Sie sagten, Ihr «Wurzelzwerg» sei nicht zu veröffentlichen. Ich finde aber den lyrischen Teil so entzückend und wertvoll,
daß ich seine Unterdrückung für ein Unrecht halten würde. Können
Sie dem Pferde nicht eine andere, wenn auch weniger flüssige Untat
andichten? Wer die erste derbe Fassung nicht kennt, der dürfte kaum
etwas merken. Wenn Sie mit dem «Fressen» anfangen und dem
«Trampeln» aufhörten? (Ich meine natürlich nicht Sie, sondern das
Pferd!)

---

17   *Meisterballaden. Ein Führer zur Freude.* Stuttgart, Berlin: Deutsche Verlags-
     Anstalt 1923. 212 S.

Wollten die Götter, Sie kennten die japanische Dramatik! Was für eine Menge von Balladenstoffen würden Sie finden! Vergeben Sie meiner liebevoll-stürmenden Ungeduld! Ich sehe [schon] das Erste Viertel des neuen Gedichtbandes zum Vollmonde wachsen.

Es sind so viele Stoffe, hinter denen ich Ihren umschaffenden Geist sehen möchte: Die Tragik, die in der Gestalt Till Eulenspiegels liegt; Jorinde und Joringel (Grimm); das «klagende Lied» (bisher nur höchst mäßig bedichtet) und der «wandernde Stab» (Bechstein II); Andersens Königsmärchen; das Judas-Problem; König Enzio[18]; Alkibiades Glück und Fall; die letzte Ritterschlacht der Maria Stuart (Scott); zahllose Stücke aus Tausend-und-Einer-Nacht; der sterbende Alexander; ....

Herrgott, wenn ich Ihre Gabe hätte !!

Seien Sie mir nicht bös.

Mit herzlichen Grüßen, auch an Ihre hochverehrte Frau Gemahlin, in dankbarer Verehrung der Ihrige JK

Fröhliche Woche[19] 1922

S. 20 Z. 1 v. u. «seien – schreibe und lese.»

S. 22 Z. 13 f. v.u. für «Erklärung» erwartet man ein anderes Wort.

S. 34 Z. 13 v.u. hinter «nach» ein ,

S. 35 Z. 6 v. u. hinter «Farrengrunde» das , weg? Übrigens ist «Farren» poetische Lizenz, da es der Plural von «Farre» = «Stier» ist. Von «Farn» ist der Plural «Farne», also eigentlich «Farngrunde», was aber im Rhythmus unmöglich.

S. 42 Z. 17 v.u. hinter «knurrte etwas» ein ,

S. 43 Z. 6 v.u. jedem

S. 61 Z. 7 v.u. «das den Grießbrei nicht essen wollte». Ich glaube, das stimmt nicht, habe aber das Märchen nicht zur Hand. Vielleicht sehen

---

18   König Enzio von Sardinien, um 1220–14. März 1272 Bologna, unehelicher Sohn Kaiser Friedrich II.; er geriet 1249 in bologneser Gefangenschaft und wurde dort bis zu seinem Tode in ritterlicher Haft gehalten. Vgl. Hans Martin Schaller: Enzio. *NDB* 4. 1959, S. 541–542.

19   *Fröhliche Woche mit Freunden*. Stuttgart: Deutsche Verlags-Anstalt 1922. 148 S.

Sie Selbst einmal nach. Der Napf ist m. E. eine Gunst oder Belohnung
für das Mädchen.
S. 74 Z. 4 v.u. hinter «eigenwüchsig» ein ,
S. 78 Z. 17 v.u. hinter «Belästigungen» vielleicht: «obgleich die
Erklärung schon im Gedicht Z. 3. 4 gegeben ist.»
S. 87 Z. 4 v.u. Ist «es mitzuteilen» absichtlich? Vgl. Ebräer 13, 16.
        Z. 9 v.u. «Schauspielers, Sängers» etc.?
S. 89 Z. 15 ff. v.u. Stellung vielleicht besser: «andere Jugend zu
einem Sommerfeste in ihren großen ...»
S. 90 Z. 7 v.u. Sollte die «nachtschlafende Zeit von 9 Uhr» nicht
besser auf Ihren H. Bruder passen?
S. 93 Z. 9 v.u. für «können» besser «dürfen»
S. 94 Z. 9 v.u. Heißt es in dem Märchen nicht «Graf von Carabas»?
S. 100 Z. 7fff. «Wir merken .... wir merken nicht» klingt nicht richtig.
        Z. 11 ff. für «wäre» – «sei», für «fühlt» – «fühle»
S. 106 Z. 6 f. v.u. «die schrecklichen Ostern»
S. 110 Z. 2 v.u. für «hätte» - «habe»
S. 111 Z. 7. 9. 11. für «wäre» – «würde»; «sei» – «werde»; für «wäre»
– «sei», für «wären» – «seien»
S. 113 Z. 14 v.u. für «wıe» – «wie»

4

Remeringhausen[20], 11. X. 1926
Lieber Herr Baron!
Hierher wurden mir Ihr reizendes Gedicht und Ihr lieber Brief nach-
gesandt und haben mir herzliche Freude bereitet. Haben Sie tausend
Dank! Ich habe die Verse, die sich dem Geist Ihrer «Idylle» an-
schließen, wieder und wieder gelesen und in den fein geschliffenen
Rhythmen (ist «wie Stern» Absicht?) immer neue Schönheiten gefunden. Es ist ein griechischer Bau mit Strophe und Antistrophe, und
die 5 A in beiden Anfängen wirken mystisch. Ich höre Sie die Verse
vorlesen!

---

20   Remeringhausen und Apelern waren Münchhausensche Güter. Auf Remering-
       hausen wohnte Börries' jüngerer Bruder Hans-Georg, 1877–1952.

Auch die Rezension Ihrer «Meisterballaden» hat mich herzlich gefreut, besonders da sie auf den praktischen Gebrauch in der Litte-
raturstunde hinweist.

Ich schreibe so spät, weil ich von Amtsarbeite in de letzte Wochen
fast erstickt wurde. (Konfirmation, Kirchenrechnung etc. etc.) Hier
erhole ich mich und faullenze gegen meine Gewohnheit. Aber ich war
zu abgespannt.

Auch die hübschen «Apelerner Ferientage» habe ich erhalten und
gestern beim Anblick der großen Forellen in Apelern auf meiner Zunge reichliche Speichelquellen gespürt.

Wegen des Münchhausenaufsatzes stehe ich noch in Verbindung
mit dem «Eckardt» [d.i. Eckart]. Velhagen u. Klasing [Monatshefte]
nehmen ihn nicht (ohne ihn gelesen zu haben!), weil sie öfter Plau-
dereien von Ihnen gebracht hätten und augenblicklich kein aktueller
Anlaß vorläge.

Ihr «Beichtbrief», den ich auf Ihren Befehl nicht beantworte, hat
mich trüb gestimmt. Sie wissen gar nicht, in welchem Ozean von
Geist und Kunst Sie segeln!

Gestern brach Ihre Frau Schwägerin eine Rose ab, die dem Dienst-
mädchen (einem ganz reizenden Käfer) höchlichst gefiel. Ihre Frau
Schwägerin schenkte darauf die Rose, an der kein Laubblatt saß, dem
Mädchen, und das sagte zu unserm Staunen:

«Eine Rose ohne Blatt
Giebt man dem, der keine Ehre hat.»[21]
Das sei ein Sprüchwort ihrer Heimat. Keiner von uns kannte es oder
kann es erklären.... Tönt in Ihnen dabei nicht die Balladensaite? Ich
glaube, Sie müssen sofort ein tragisches Bildchen vor sich sehen! Ich
dachte augenblicklich an Sie!
Ich habe Sehnsucht nach Ihnen!
In herzlicher Liebe und Verehrung Ihr
JK

---

21   Im Internet lediglich als «alte Weisheit» zitiert. Nicht in Wander, Sprichwör-
     terlexikon.

5
Postkarte
Herrn Dr. Börries Freiherrn von Münchhausen
Schloß Windischleuba
bei Altenburg
Sachsen-Altenburg

Abs.: Dr. Kurth
Berlin-Hohenschönhausen
                                        12.1.1926 [Poststempel: 1927]

Hochverehrter lieber Herr Baron!
Soeben geht in der Zeitung «Der Reichsbote» ein Roman: «Der Reiter
auf fahlem Roß» von A. Eckardt[22] zu Ende, der im 17. Jahrhundert z.
T. auf Schloß Windischleuba spielt, dessen Helden v. d. Gablentze
sind und der mit Versen aus Ihrem «Wiesenschloß» schließt.
     Obgleich ich fast vermute, daß er Ihnen gesandt sein wird, möchte
ich doch auf alle Fälle meine Pflicht erfüllen, Ihnen «Münchhauseniana» mitzuteilen, die mir zufällig in den Weg kommen.
Mit herzlichen Grüßen und in dankbarer Verehrung Ihres
JK

6
Postkarte
Herrn Börries Freih. von Münchhausen
Dr. phil. et iur.
Schloß Windischleuba
bei Altenburg
Sachsen-Altenburg

---

22   Richard Eckardt: *Der Reiter auf dem fahlen Roß. Thüringer Heimatroman.*
     Altenburg: Pierer 1927. 176 S. – Der Autor war bei Münchhausen Hauslehrer
     gewesen. Vgl. auch Münchhausen: Richard Eckardts Windischleubaer Ro-
     man. *Altenburger Landeszeitung* 3. Nov. 1927. – Zu Eckardt, 1862–1928,
     vgl.: B.M.: D. Richard Eckardt, Konsistorialrat i. R., Kirchenrat, Oberpfarrer
     der Stadt Altenburg 1921–1926. *Altenburger Geschichts- und Haus-Kalender*
     1929. Altenburg 1928, 173–174.

Abs.: Dr. Kurth
Berlin-Hohenschönhausen

15.1.27

Hochverehrter lieber Herr Baron!
Aus der Zeitung erfahre ich, daß Sie im Februar hier im Dt. Nat.
Lehrerverein[23] sprechen werden. Was ich irgendwie tun kann, um an
diesem Tage dienstfrei zu sein, das werde ich tun. Und was ich
irgendwie tun kann, um Sie und sei es auch nur auf eine Stunde! – in
mein Heim zu zerren, das werde ich tun. Ich hatte schon im Herbst die
Käfigtür für die rarissima avis offen. Bitte teilen Sie mir mit, wann
und wo Sie sprechen.
In Verehrung und Dankbarkeit (beides dreimal unterstrichen) der
Ihrige
JK

7

Abs. Dr. Kurth   Berlin-Hohenschönhausen
Fernruf: Lichtenberg, Nr. 640   19.1.27

Hochverehrter lieber Herr Baron!
Ihre gütige Ansage zu Mittwoch, d. 16 Februar hat mir eine ungeheure
Freude bereitet! Ich werde die Tage zählen.

Bitte geben Sie mir freundlichst an, welche Stunden Sie mir zur
Verfügung stellen können und wo Sie in Berlin residieren. Dann hole
ich Sie ganz einfach mit einem Auto ab, und wir sind rasch in meinem
Wigwam.

Ich würde Sie natürlich am liebsten bei mir herbergen, aber da Sie
mit dem kategorischen: «ich kann an dem Tage (15. II.) nicht kommen» schon feste Disposition getroffen zu haben scheinen, so muß ich
mich bescheiden.

---

23   Wohl: Deutschnationaler Lehrerbund, gegr. 1919. Vgl. Rainer Bölling: *Volks-*
     schullehrer und Politik: der deutsche Lehrerverein 1918–1938. Göttingen:
     Vandenhoeck & Ruprecht 1978, 122 ff.

Die Lage Hohenschönhausens hat also «nach Obigem» eigentlich kein praktisches Interesse für Sie, aber der Vollständigkeit meines Berichtes halber will ich doch folgendes notieren:

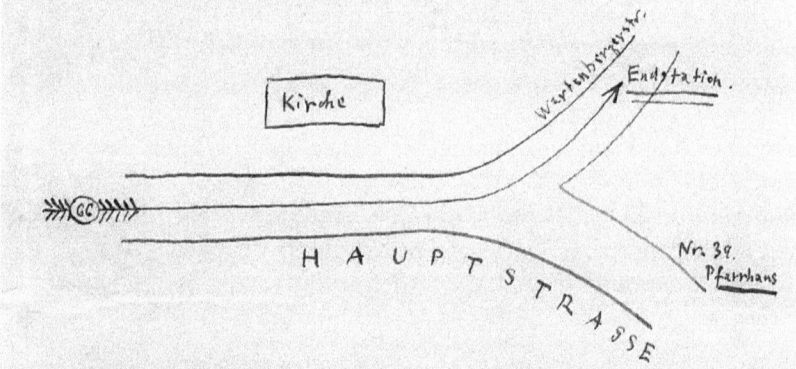

Berlin-Hohenschönhausen liegt ganz im Nordosten Berlins als nächster Vorort. Die Elektrische Nr. 66 (nicht 66 E!) fährt alle Viertelstunden fast direkt zu meiner Wohnung. Sie berührt den Dönhoffsplatz, Spittelmarkt, Rathaus, Alexanderplatz und fährt von diesem genau 30 Minuten zu uns.

Mit großer Freude habe ich zuletzt von Ihnen gelesen: «Brief aus Windischleuba» (12. XII. 26), «Tantchens Silberne Hochzeit»[24] und «Die Dichterin Ina Seidel»[25] – muß übrigens ein kapitales Weib sein! Mit herzlichsten Grüßen und in dankbarer Verehrung Ihres JK

---

24   Tantchens Silberne Hochzeit. Eine Geschichte vom Schenken. *Altenburger Geschichts- und Haus-Kalender* 1930. Altenburg 1929, 193–194. – Da Münchhausen das Manuskript bereits Anfang 1927 weggeben hatte, hat der Beitrag entweder solange beim Kalender gelegen oder es gab bereits eine frühere Publikation.

25   *DAZ* 25: 16. Januar 1927.

8

Abs. Dr. Kurth   Berlin-Hohenschönhausen

Hochverehrter lieber Herr Baron!
Herzlichen Dank. Ich bin sehr glücklich, daß ich die avis rarissima,
den Paradiesvogel, einfangen und in mein hölzernes Bauer bannen
darf.

Ob dieser Brief Sie auf Ihren Odysseusfahrten ereilt, weiß ich
nicht; ich schreibe auf jeden Fall noch einmal nach dem «Fürstenhof».

Am 15. d. M. werden meine Frau und ich sowie ein größerer
Freundeskreis Ihren Vortrag im Herrenhaus[26] hören, Sie persönlich
aber post festum völlig unbehelligt lassen. Am 16. früh um 9 bin ich
im «Fürstenhof», warte bis Sie das Licht der Welt erblickt haben, und
hole Sie ein.

Ihr D-Zug geht um 7.30 ab (der beschleunigte Personenzug 3.55
kommt nicht in Frage, hat auch keinen Speisewagen), sodaß Sie bei
uns speisen und weilen können.
In großer Freude auf das Wiedersehen und mit herzl. Grüßen meiner
Frau der Ihrige
JK

9

Abs. Dr. Kurth   Berlin-Hohenschönhausen
Fernruf: Lichtenberg, 640   13.II.27

Hochverehrter lieber Baron!
Ob Sie meine Zeilen erreicht haben, weiß ich nicht. Darum noch einmal: Ich freue mich riesig auf Ihr Kommen und werde am Mittwoch
den 16. nach 9 Uhr morgens im Fürstenhof sein, warten, bis Sie
erscheinen wollen und Sie im Triumphe nach meinem Wigwam gelei-
ten.

---

26   Wohl das Preußische Herrenhaus an der Leipziger Straße (heute Sitz des
      Bundesrates).

Dort erwartet Sie unsre Liebe und ein erträgliches Ménu. Da Sie
befohlen haben, abends wieder in Windischleuba zu sein, fahren Sie
mit dem D-Zug 7.30. Wir haben also einige Olympierstunden vor uns.
Ich nebst Familie und Freunden sehen Sie schon Dienstag im Herrenhaus, Sie uns aber nicht, da wir Sie nach den Vortragsstrapazen völlig
unbehelligt lassen.
In herzlicher Freude auf das Wiedersehen verehrungsvoll Ihr
JK

10
Abs. Dr. Kurth   Berlin-Hohenschönhausen
                                                              20.II.27

[In großer Schrift:] Ich bin erschlagen, lieber Herr Baron, und kann
nur <u>Danke</u>, <u>Danke</u>, <u>Danke</u>! sagen.

Auf diese Überraschung war ich nicht gefaßt, besonders nachdem
ich 24 Stunden vorher mit dankbarer Freude Ihre Ballade und Ihren
lieben Brief empfangen hatte. Ihre große Liebe erdrückt mich, und ich
benehme mich niemals so täppisch, als wenn jemand (was selten ge-
schieht!) mein Laternchen zu einer Sonne macht.

Anbei die Korrektur. Es waren einige kleine Sachlichkeiten, aber
ein Fehler hat mich erschüttert: Sie setzen Ihren berühmten flu-
chenden Bischof fälschlich in die Johann-Cicero-Geschichte! Raben-
schwarzer Stiefvater gegen die eigenen Musenkinder! Ist so etwas
möglich? Wenn ich nicht glaubte, daß es eine Prüfung meiner Münch-
hausen-Festigkeit sein sollte, wäre ich fassungslos!

Das Imprimatur? Mit Freude, nur würde ein Aufsatz über mich
<u>sicher</u> nicht gedruckt werden, wenn Sie ihn nicht geschrieben hätten.

Meine Jungen tobten vor Freude, vier Kinder teilten sich in die
Blätter und schrieben das Manuskript in einer halben Stunde ab.
Meine Frau ist sehr stolz und neckt mich ununterbrochen. Es ist ein
Getriebe, wie im Meerschweinchenkäfig.

Wolf liebt Sie sehr. Als wir ihm zumuteten, eins seiner 3 Münch-
hausenautogramme für eine Dame der «Engeren» herauszurücken, die

zwar zu Kurths, aber zu kurz gekommen war, hat er es mit der Wut einer gereizten Löwin verteidigt.

Sie wissen ja gar nicht, wie viele Freude Sie uns gegeben haben! Und nun dieser große Ritterdank!
Herzliche Grüße von Pfarrhaus zu Schloß!
Ihr noch fassungsloser
JK, der ein Schneckenhaus sucht.

Meine sonst sehr nüchterne, wenig begeisterungsfähige, stark kritische Schwester schrieb mir, sie habe in den Münchhausenstunden vollsten Ersatz für die beiden letzten Wochen gefunden, in denen sie krank gelegen.

11
Abs. Dr. Kurth   Berlin-Hohenschönhausen
                                               Zum 20. März 1927
Hochverehrter lieber Herr Baron!
Ich vermute Sie von Ihren Irrfahrten heimgekehrt und sende darum zum Wiesenschloß herzliche Geburtstagswünsche. Wie unsagbar viel hat mir Ihr verflossenes Lebensjahr geschenkt! Meinen Dank für den «fabelhaften Mann» werden Sie erhalten haben, meinen Mars-Aufsatz[27] auch. Ich habe mir mehrere Nummern der DAZ[28] besorgt, und meine Freunde sind höchst erstaunt, zu erfahren, was ich für ein Kerl bin. – Ich auch! Zu unserm Gespräch vom 16. Februar: «Schmetterling» hängt mit «Schmand», Sahne o.ä. zusammen, daher: «Molkendieb», «Buttervogel», «butterfly». – Bei scherzhaft klingenden Namen haben wir die Komik völlig vergessen, z.B. Klopstock, Gehrock[29] etc. Allerdings will es mir bei Kotzebue, Hosemann[30] und

---

27   Zur Areographie. Von Dr. Julius Kurth. (Mit zwei Abbildungen.) *Das Weltall. Bildgeschmückte Zeitschrift für volkstümliche Himmelskunde* 26. 1926, S. 75–78 (mit von Kurth gezeichneter Karte des Mars sowie einer ebenfalls gezeichneten Ansicht des Mars).
28   *DAZ* Nr. 109: 6. März 1927, 1. Beibl., S. 1.
29   Karl Gerok, Vaihingen 30. Jan. 1815–14. Jan. 1890 Stuttgart, Theologe und Lyriker. Besonderer Beliebtheit erfreuten sich seine *Palmblätter*. (Stuttgart

Dehmel noch nicht gelingen. – Der Scherz «Fröhliche Woche» S. 74 «Einstweilen auch beschneiden lassen» findet sich sehr ähnlich, fast identisch in «Des großen Friedrich Ballerina Barberina»[31] von Paul Burg, illustriert von Franz Stassen, Leipzig, Linden-Verlag, S. 99.[32] Ein Jahr fehlt, es muß 1923 (oder früher) gewesen sein. Die «Fröhliche Woche» war aber 1922 schon vollendet. Entstammt der Scherz einer gemeinsamen Quelle, oder hat ihn Burg von Ihnen? Sie sehen, welche Schwierigkeiten Sie Ihren Kommentatoren bereiten!

Inzwischen habe ich die Ärzte-Geschichte und 2 Briefe aus Windischleuba meinen «Münchhauseniana» einverleiben können.

Die Ballade «Drei Wunder» läßt mich nicht mehr los. Sie gehört zu den herrlichsten, die Sie geschrieben haben.

Frau Ina Seidel[33] hat sich noch nicht gemeldet. Soll ich an Sie schreiben?

Sie versprachen mir in olympischer Geberlaune das Manuskript über Maria Rilke[34] ... bitte! bitte!

1857.) Walter P. H. Scheffler: *Gerok, Karl Friedrich von. NDB* 6.1964, S. 314–315.

30   Theodor Hosemann, Brandenburg 24. Sept. 1807–15. Okt. 1875 Berlin, Maler, Zeichner, Illustrator. Vgl. Wolfgang Freiherr von Löhneysen: Hosemann, Theodor *NDB* 9.1972, S. 648–649.

31   *Des grossen Friedrich Prima Ballerina Barberina.* Revers des preußischen Rokoko von Paul Burg. Eine abenteuerliche Liebesmär mit Buchschmuck von Franz Stassen. Leipzig: Linden-Verlag [1922]. 148 S.

32   Dort erzählt Baron Pöllnitz: Wenn ich ihn [Friedrich d. Gr.] um Geld bat, hieß es: «Ja, wie soll ich Ihnen denn aus meinen leeren Kassen helfen? Wären Sie noch Katholik – ich könnte Ihnen eine offene Pfründe verleihen; Sie haben sich eben leider einer armen Religion zugewandt, nun müssen Sie deren Los teilen.» Ich trat über zur Marien-Religion und zeigte es diesem Könige an. «Wie schade!» war seine Antwort. «Kann Ihren frommen Eifer nicht lohnen, denn die Pfründe ist eben ausgetan. Aber – wenn Sie nun noch Jude werden wollen – so lassen Sie sich schnell beschneiden, denn ich habe eine Rabbinerstelle zu vergeben, die Ihnen nicht entgehen soll, mein lieber Pöllnitz.»

33   Ina Seidel, Halle 15. Sept. 1885–3. Okt. 1974 Ebenhausen, Lyrikerin und Schriftstellerin. Sie wurde 1932 in die Preußische Akademie der Künste und 1944 von Hitler (wie auch Münchhausen) in die Gottbegnadeten-Liste aufgenommen. Vgl. Dorit Krusche: Seidel, Ina. *NDB* 24.2010, S. 172–174.

Möchte uns Ihr neues Lebensjahr einen neuen Balladenband und die Neuauflage der «Fröhlichen Woche» bescheren!
Mit herzlichen Grüßen von Haus zu Haus in dankbarer Verehrung Ihr
JK

12
Dr. Kurth   Bln-Hohenschönhausen, 27.III.27

Hochverehrter lieber Herr Baron!
Die erste Atempause nach Konfirmationen, Kirchenkassenrevisionen und einer unbilligen Menge von Amtshandlungen, die sich stets vor Ostern häufen, will ich anwenden, um Ihnen für die kostbare Manuskriptsendung meinen allerherzlichsten Dank auszusprechen. Es sind jetzt 90 (neunzig) «Münchhauseniana!» Erst jetzt, da ich sie in Einzelmappen (A–R) eingeordnet habe, übersehe ich etwas die Vielseitigkeit und Gedankenfülle. Zu unserer aller größten Freude lag auch die Handschrift des «Fabelhaften Mannes» bei, dessen Veröffentlichung mir eine Reihe von Zuschriften und heut sogar ein futuristisch-symbolistisches Ideenporträt meines Kopfes (mit kreisrunder Gehirnglocke und in Rot-Blau-Gold) eingetragen hat. Es geht mir in verkleinertem Maßstabe wie Ihnen und --- Gellerts Rhinozeros.[35]
Tausend Dank auch für den Rilke-Aufsatz, der anbei zurück folgt. Er ist mir Satz für Satz aus der Seele geschrieben! Mir ist nichts so verhaßt, wie diese impotente, sich gegenseitig verhimmelnde Clique, und es ist ein Genuß, wenn so ein quabbliger Aal einmal von einer Ritterfaust gepackt wird, die sich natürlich vorher mit Salz eingerieben hat. Schade, daß dieser prachtvolle Gang nur so wenig

---

34   Rainer Maria Rilke, Prag 4. Dez. 1875–29. Dez. 1926 Montreux, bedeutender Lyriker der Moderne. Vgl. Ralph M. Köhnen: Rilke, Rainer Maria. *NDB* 21.2003, S. 621–623.

35   Das bengalische Nashorn Clara kam 1741 nach Europa und wurde jahrelang zur Schau gestellt. 1747 sah Gellert es und erwähnte es in einem Gedicht. Vgl. Glynis Ridley: *Claras Grand Tour: Die spektakuläre Reise mit einem Rhinozeros durch das Europa des 18. Jahrhunderts.* Aus dem Englischen von Sonja Hinte und Lucia Markendorf. Hamburg: Konkret Literatur Verlag, 2008.

Feinschmeckern serviert wird! Aber ich verstehe Ihre Zurückhaltung sehr wohl! Die Schriftstellerzunft ist noch neidischer, als andere Zünfte, und sie würde Ihnen das zutrauen, was sie selbst empfindet. Wann wird einmal ein mutiger Literaturhistoriker auftreten, der dieser Gesellschaft nachweist, daß zwei Drittel ihrer Verse Redensarten sind? Ich habe vergeblich versucht, bei Stefan George[36] irgend etwas Starkes, Plastisches oder auch nur Behältliches zu finden. Sein «Vorspiel» zum «Teppich des Lebens» habe ich 2 1/2 mal (die letzte Hälfte versagte mein Brägen!) gelesen und immer wieder vergessen, was eigentlich darin stand! Ich habe den größten Teil seiner Anbeter im Verdacht, daß sie nur Verständnis heucheln oder sich an Wortklängen berauschen. Übrigens halte ich ihn gegenüber seinen Verehrern keineswegs für formvollendet. Mir fällt er auf die Nerven!

Da ich als Dichter völlig unbekannt bin, bin ich freier, als Sie, und habe ihm neulich in einem Artikel, den ich Ihnen noch senden werde, mit grimmiger Freude einen Hieb versetzt.

Ihre Jean-Paul-Kritik las ich zuerst (Ihre Sendung traf nämlich am 21. März, dem Geburtstag Jean Pauls, ein); Sie haben völlig recht, aber ich verehre ihn doch sehr und habe ihn schon als Junge gelesen, was wohl nicht oft vorkommt.

Liebster Herr Baron, ich möchte stundenlang mit Ihnen plaudern, wenn Ihre Zeit nicht so wertvoll und meine Handschrift zu schwer lesbar wäre!

Unser ganzes Haus grüßt Sie und die Ihrigen verehrungsvoll, Wolf, «das liebe Kind», wie er seit Ihrer «Fröhlichen Woche» genannt wird, ist stolz auf den Sondergruß.
In herzlicher Liebe und Dankbarkeit Ihr
JK
homo fabulosus

---

36 Stefan George, Büdesheim 12. Juli 1868–4. Dez. 1938 Minusio, Lyriker, stellte die Ästhetik in den Mittelpunkt und gründete den George-Kreis. Vgl. Paul Gerhard Klussmann: George, Stefan Anton. *NDB* 6.1964, S. 236–241.

13

Dr. Kurth   Bln. Hohenschönhausen, 7.IV.27

Hochverehrter lieber Herr Baron!
Erst heut komme ich aus einer Ehrenschuld bei Ihnen heraus:
Es handelt sich um die Veröffentlichung meines Aufsatzes: «zu Gaste bei B. Frh. v. M.»

Der «Tag» lehnte überhaupt die Einsendung ab, «da irgendwelcher zeitlicher Anlaß gegenwärtig nicht vorhanden ist.» Ebenso lehnte die Einsendung ab «Velhagen und Klasing», da Sie Selbst in den Monatsheften mehrmals über das Thema geschrieben hätten.

Die «Deutsche Zeitung» las, lehnte aber ab, weil der Aufsatz zu lang sei, andrerseits zu «wertvoll und fesselnd», um gekürzt werden zu dürfen. Der «Reichsbote» schrieb nahezu dasselbe.

Der «Eckhart» schrieb sehr flaumweich und höflich und lehnte mit einer Redensart ab.

Sie sehen, ich war unermüdlich, aber «Wer ausharrt (v. Münchhausen), wird gekrönt!» Ihr homunculus fabulosus brachte mich auf die DAZ, und nachdem ich die obligaten 3 Wochen gewartet hatte, kam heut ein Schreiben: «Gern, nur noch ein wenig Geduld, da augenblicklich Raumbeschränkung.»

Ich freue mich unbändig, daß ich die Möglichkeit erhalte, Ihnen wieder ein kleines Stück des großen Dankes abzustatten, dessen Schuld mich sonst beengt.
In herzlicher Liebe und Verehrung und mit besten Empfehlungen von Haus zu Haus Ihr getreuer
JK
Wolf grüßt sehr. Er kriegt, wie mir sein Lehrer sagte, eine anständige Zensur und in Betragen «lobenswert».

14

Abs. Dr. Kurth   Berlin-Hohenschönhausen
                                                              30.4.27

Sehr geehrter lieber Herr Baron!
Es ist natürlich «mailich» gemeint, der wunderschöne Monat wird

aber im M.A. mit «ei» (meije) geschrieben. Vielleicht setzen Sie doch
«ai», es ist verständlicher.

Ein sinnstörender Druckfehler scheint Zeile 11 zu stehen: Soll es
nicht «überstiegen» heißen?[37]

Die «Geschichtchen aus der Geschichte» haben Sie wohl erhalten,
ebenso das Schreiben über die DAZ.
Mit herzlichen Grüßen von Haus zu Schloß
in dankbarer Verehrung Ihres
JK
1 Anlage [liegt nicht mehr bei]

15

Dr. Kurth   Berlin-Hohenschönhausen, 2.XII.1927
                                        Fernruf: Lichtenberg 640

Hochverehrter lieber Herr Baron!
Haben Sie herzlichen Dank für die «Idylle und Lieder»[38]! Sie haben
mir eine große Freude bereitet und werden meinen Weihnachtstisch
zieren. Die ganze heilige Familie Kurth verschlingt sie bereits, und
meiner Frau gefallen sie prachtvoll. Mir war das meiste bekannt, einiges neu und überraschend. Interessant ist, daß Sie im «Augenauf-
schlag» jede 4. Zeile der alkaiischen Strophen[39] frei behandeln. im
«Herzensgeiz» alles korrekt, und die Sapphika[40] in «Erfüllung» in Zeile 2 u. 3. ad libitum. Für die 2. Auflage: S. 9. Z. 4 v.u. «welche» statt
«welches» (ist vielleicht ohnehin etwas schleppend.) S. 10. Z. 4 v.u.
«geizgen»? Geizge? Richtig ist, glaube ich, Beides; was klingt besser?
S. 21. Z. 10 v.u. «Handstütz,"

---

37   Die Bemerkungen beziehen sich auf «Ein fabelhafter Mann».
38   *Idyllen und Lieder.* Stuttgart, Berlin, Leipzig: Deutsche Verlagsanstalt 1928.
      67 S.
39   Nach dem Dichter Alkaios benannte vierzeilige Strophe, deren ersten beiden
      Zeilen 11, die dritte 9 und die vierte 10 Silben haben.
40   Nach der Dichterin Sappho benannte vierzeilige Strophe, die aus drei gleich-
      förmigen elfsilbigen Zeilen und fünf Silben für die 4. Zeile (Adoneus =
      Daktylus + Trochäus) besteht.

Zum zweiten: Noch immer schulde ich Ihnen herzlichsten Dank
für die gütige Übersendung des Manuskripte! Es war aber nicht Läs-
sigkeit, ich wollte warten, bis die verschiedenen Blätter den «Besuch
in Windischleuba» gebracht hätten, und Ihnen das als kleinen Dank
mitteilen. Erschienen ist der Aufsatz (auch mir fast _immer_ erst wo-
chenlang später zugesandt worden) in:
1) DAZ 15.V.27
2) Der Sammler (München-Augsburger Abdztg) 22.VII.27
3) Chemnitzer Tageblatt 10.VII.27
4) Königsberger Hartungsche Zeitung 20.VIII.27
5) Altenburger Landeszeitung 18.VIII.27 (andere Version)
    Noch immer fehlt die Weserzeitung. Sie hat bereits vor Monaten
den Aufsatz «mit Freude» angenommen und wollte ihn im Anschluß
an die «Geschichtchen aus der Geschichte» bringen. Dann hat sie mir
von diesen etwa die Hälfte des erschienenen zugeschickt und schweigt
seit dem. Ich habe ohne Erfolg gemahnt. Eine Woche warte ich noch,
dann ergeht ein Einschreibebrief.
    Zum dritten: mein Verleger Hiersemann-Leipzig hat das phäno-
menale Glück gehabt, vom 1. Bande meiner «Geschichte des japanischen Holzschnitts»[41] so viel Exemplare zu verkaufen, daß schon seit
einem Jahr der 2. Band fällig ist. Da ein Band 80 Mark kostet, müssen
die Käufer verrückt sein. Nun hatte ich die Niederschrift des seit 20
Jahren vorbereiteten Werkes aus Zeitmangel immer wieder aufgeschoben. Jetzt aber ging es nicht länger: Seit Mitte September arbeite
ich wie ein Rasender (der gedruckte Band wird c. 500 Seiten Groß-
quart umfassen, dabei zahllose chinesische Zeichen, die mich sehr
aufhalten) und hoffe, noch vor dem 1. Januar fertig zu sein.
    Dieses aber schreibe ich darum: Ich werde im Laufe des Januar das
Manuskript persönlich in Leipzig abgeben. Falls Sie nicht zu dieser
Zeit wieder Odysseus spielen (diesen Winter war der Kreuzgang nach

---

41   _Die Geschichte des japanischen Holzschnitts._ Bd. 1–3. Leipzig: Hiersemann
     1925–1929. 4°
     1.Von den Anfängen bis Harunobu. 1925. VIII,445 S., 29 Tafeln, 66 Textabb.
     2.Von Harunobu bis Eishi. 1928. VII, 276 S., 18 Taf.
     3.Von der Sekien-Schule bis zu den Hiroshige. 1929. 250 S., 18 Taf.

Stambul und die Eroberung des Goldenen Horns), würde ich mir dann
gestatten, auf einige Stunden nach Windischleuba zu kommen, falls
Sie mich haben wollen.

Jetzt bin ich (wie Sie an Schrift und Stil dieser Epistel bemerken
werden) so klepperartig durch Amt und Wissenschaft heruntergear-
beitet, daß ich mir 10 Tage Urlaub geben ließ, um ungestört nur Wissenschaft treiben zu können. Dies mixtum compositum der verschie-
densten Themata war mir früher Lebenselement, jetzt «hat das
neidische Alter[42] mich mit seiner Krücke getroffen», und wenn mir
meine Frau nicht sehr oft Schildkrötensuppe vorsetzte, wäre das Leben – außer wenn Post aus Windischleuba kommt – reizlos. Sie haben
Sich durch den Ruch Ihrer Scholle so konserviert, daß mein Wigwam
Sie auf Mitte Vierzig taxiert hat, und tun auch Einiges für Ihren
Leichnam (altdeutsch), ich komme kaum im Frühjahr und Sommer in
meinen schönen Garten und kauze mich nur hinterm Schreibtisch oder
Schraubstock. Außerdem haben an Ihrer Wiege die Grazien gestanden, an meiner vermutlich ein paar Nornen reiferer Semester. Der
Styx ... pardon: Die Styx (das Maskulinum ist eine Ferkelei Friedrich
v. Schillers) hole das Altwerden! Ich habe allerdings für fünf Menschen gelebt und dürfte kein Mäulchen ziehen, wenn Hans Mors eine
Audienz begehrt, aber ich möchte gar zu gern noch einige Dinge fertig arbeiten, die mir auf der Seele lasten.

Japan nicht mehr! Daran habe ich reichlich genug, aber Dichtun-
gen, Memoiren und Culinaria. Diese letzten sind vielleicht das einzige
Gebiet, wo ich Einwandfreies leisten könnte. Alles andere hat etliche
Wurmstiche, und Bilder kopiere ich keine mehr.

Wolf schlägt aus der Art. Er ist Michaelis mit Glanz nach Prima
gekommen und hat jetzt einen derartigen Arbeitsrappel, daß ich ein-
dämmen muß. Von mir hat er das nicht, denn ich habe in den Ober-
klassen Gott sei Dank erklecklich gefaullenzt und war außerdem
schon in Unterprima gegen meine Frau verlobt. Wolf wird von Damen
rasend angeschwärmt, bleibt aber Kind und kühl. Das hätte ich sein
sollen! – Wenn ich die Biere, die ich damals trank, in eine längere
Glasröhre bannen könnte, so würden sie zum mindesten bis in den

---

42   Wohl Anklang an Vergils Aenaeis.

Mond reichen. Wolf trinkt auf dem «Kentauren» (einer von mir vor 10 Jahren gegründeten hiesigen Gymnasiasten- und Studentenver-bindung) den ganzen Abend höchstens ein Glas Wein! Was soll aus dem Bengel werden?

Ich glaube jetzt Ihre Augen genug maltraitiert zu haben. Unser ganzes Haus grüßt das Ihrige herzlichst! Behalten Sie lieb Ihren verehrungsvollen und dankbaren
JK

16
Dr. Kurth   Berlin-Hohenschönhausen, 8.II.1928

Hochverehrter lieber Baron!
Leider habe ich die «Homerstunde» nicht. Mein Münchhausen-Archiv mit mehr als 100 Schriftstücken ist so übersichtlich geordnet, daß ich das sofort feststellen konnte. Ich habe sie auch niemals gelesen und entsinne mich nicht einmal des Titels.

Als uns neulich Ihre Frau Schwägerin[43] auf einige Tage besuchte, da erfuhr ich, daß Sie im November Ihre Silberhochzeit gefeiert ha-ben. Ich war recht betrübt, daß sie mir dies erst jetzt mitteilte! Sie weiß doch, wie ich Sie verehre! Und ich hätte so gern den ganzen Olymp beschworen, daß mich die Oberen bei der Gratulation würdig vertreten hätten. Nun ist es leider zu spät, und Ihre Goldhochzeit erle-be ich nicht mehr.

Tief bewegt hat mich der Unfall, in den Ihr Herr Stiefsohn[44] hin-eingezogen worden ist. Ich habe seiner in herzlicher Fürbitte gedacht. Gebe Gott, daß sich Alles gut entwickelt!

Und immer wieder Sorgen? Der Ausdruck «Sorgenpeter» ist eine contradictio, denn gerade Petrus schrieb: «Alle Eure Sorge werft auf ihn!»

Sind Sie nicht reicher, als die meisten Menschen? Würden Sie für äußere Sorgenfreiheit auch nur einen Teil Ihrer herrlichen Gabe opfern? Goethe sagt: «Du danke Gott, wenn er Dich preßt!» –

---

43   Hans-Georgs Frau, die Pastorentochter Maria Eberius (geb. Hoppe, *1888)
44   Siegfried Crusius, 1897–1978.

Ich füge ein Exemplar der Weser-Zeitung bei, da ich nicht weiß, ob man Ihnen die Nummer geschickt hat.

Mit herzlichen Grüßen von Haus zu Haus in Liebe und Verehrung Ihr JK

16a [Von Münchhausen]

14.II.28

Mein lieber verehrter Herr Doktor,

ich danke Ihnen herzlich für Ihren freundlichen Brief, der in jeder Zeile so viel gütige Anteilnahme an mir und den Meinigen zeigt. – Kommen Sie nur ja im Sommer wieder einmal zu uns, uns verlangt herzlich danach.

Lassen Sie mich die Gelegenheit benutzen und Ihnen gleichzeitig wieder ein Päckchen Manuskripte zuzuschicken.

Mit herzlichen Grüßen von Haus zu Haus bin ich

Ihr treu ergebener [M.]

17

Dr. Kurth   Berlin-Hohenschönhausen,19.III.1928

Hochverehrter lieber Herr Baron!

Lassen Sie mich im Geiste Ihre Hand drücken und Ihnen ein herzliches Glückauf für das neue Lebensjahr zurufen. Das vergangene ist Ihnen manches schuldig geblieben, und Sie haben oft gesorgt und geklagt – Gott geb' ein besser Jahr und uns allen einen doppelt so starken Band wie die «Lieder und Idylle».

Sie sehen, wir Kleineren gehen auf die Quantität, daher denn meine Elaborate immer mehr ins Mammuthartige wachsen. Ich hatte den 2. Bd. meines Japanwerks an der Verleger geschickt, und siehe, er hat aus dem Manuskript zwei Bände errechnet! Jetzt beschießt er mich mit Korrekturen, weil die Ungeheuer noch in diesem Jahre geboren werden sollen. Sie werden stramme und dickleibige Wälzer werden.

Brockhaus' Antwort auf Ihr «Allbuch»[45] habe ich gelesen. Er schreibt eigentlich in ganz nettem Tenor, aber er müßte Ihnen nun die

---

45   Erschienen in *DAZ* Nr. 13: 8. Jan. 1928.

neueste Auflage des NOKIXELs[46] dedizieren und Sie zur Mitarbeiterschaft für neuere Litteraturgeschichte auffordern.

Mit großem Danke habe ich die Manuskripte eingeordnet, die Sie mir wieder so gütig geschenkt haben, und das, was mir noch unbekannt war, mit Freude gelesen. Vieles kannte ich bereits, da einige Freunde für mich seit Jahren MVENCHHAVSENIANA aus allen möglichen Zeitschriften sammeln.

Haben Sie vielen herzlichen Dank für Ihre freundliche Einladung zum Sommer! Wenn ich es irgend bewerkstelligen kann, so komme ich sehr gern auf einige Tage, denn ich habe große Sehnsucht nach Ihnen. Sie sind mir geistig so oft nahe, viel öfter, als ich Ihre Schriften lese, aber wenn man sich einmal in die Augen geschaut hat, so reicht das nicht aus. Ich wenigstens kann Neigung von Körperlichkeit nicht trennen.

Sie hatten den Wunsch ausgesprochen, mich mit Ina Seidel in Verbindung zu bringen. Ich ergriff im September eine amtliche Gelegenheit bei den Haaren und schrieb an Pfarrer Seidel[47], gleichzeitig den Wunsch einer Annäherung aussprechend. Er antwortete einen guten Monat später, und zwar so eigentümlich, daß ich nicht weiter reagierte. Zum Schluß – als PS – machte er mich darauf aufmerksam, daß ihm durch den «Segen eines Schreibmaschinen-Malörs» der Buchstabe c ausgegangen sei, den er nun überall in den getippten längeren Brief einsetzen mußte. Mir fiel die Geschichte von dem amerikanischen Revolverblättchen ein, aus dessen Druckerei die Indianer die Lettern E mausen, um Kugeln zu gießen, und dessen Setzer nun in seiner Verzweiflung überall für E ein X druckt .... der Effekt ist blendend! Man glaubt, bei der Betrachtung solch' eines Satzes die alten Azteken mauscheln zu hören! Da ist der berühmte Satz: «Maxl haltt a Kalbshaxl» ein Embryo dagegen!

---

46   Scherzhaft für Lexikon bzw. orthographisch verfremdet für norddeutsch Nohkieksel.
47   Heinrich Wolfgang Seidel, 1876–1945, Pfarrer 1907–1914 u. 1923–1934 in Berlin, 1914–2323 in Eberswalde, Schriftsteller; er hatte 1907 seine Cousine Ina geheiratet.

Syntemalen mich aber Ina Seidels Verse mehr anzogen, als ein
ausgefallener Zahn aus dem Rachen der Schreibmaschine ihres Gat-
ten, so war mir sein Brief kein Ersatz.

Ein volles Vierteljahr später fernspruchte mich Ina Seidel an, ich
möchte kommen und, falls ich verheiratet sei, meine Frau auch.
Wahrscheinlich als dame d'honneur, falls mich die Reize der Dichterin zu sehr erhitzten. Nun hatte sich gerade in diesen Tagen meine
Eheliebste den Luxus geleistet, sich die rechte Hand zu brechen. Es
wurde also wieder nichts. Leider habe ich eine schreckliche Gewohnheit: Wenn sich irgend etwas in die Länge zieht, es ganz einschlafen
zu lassen. Wenn ich Briefe nicht sofort beantworte, so beantworte ich
sie oft überhaupt nicht, und ich muß zu meiner Schande gestehen, daß
ich, wenn ich einen Stoß dieser stummen Mahner in den Papierkorb
werfe, ein völlig unchristliches Gefühl herrlichster Erleichterung
habe. Ich habe durch solche Unterlassungssünde oft freundliche Menschen verletzt und gelte als schwer zugänglich. Aber wie soll ich
meine Bücher und Noten schreiben und meine Bilder malen und meine Schnurrpfeifereien verüben, wenn ich meinen ohnehin ausge-
dehnten Verkehr noch vergrößere?

Diesmal habe ich mir vorgenommen, doch noch zu Ina Seidel
«Mater peccavi» zu sagen ... aber leider ist der Weg zur Hölle mit
guten Vorsätzen (nach Luther: «mit Pfaffenschädeln») gepflastert!

Heut ist für mich ein großer Tag – zwar leider nichts des Studiums
Ihres verwünschten 30. Tournedos, das ich noch immer nicht ge-
schmeckt, das mich aber in den Ruf eines lästerlichen Schlemmers gebracht hat, – sondern: ich soll im Treptower Riesenfernrohr zum erstenmale den Neptun sehen[48], der sonst nie gezeigt wird, als Honorar
für eine astronomische Leistung. Vor einem Vierteljahre wurde mir
ebenso der Uranus zum erstenmale gezeigt ... das war ein mächtiges
Erlebnis! Diese blaugrüne, leichenhaft-unheimliche Scheibe mit den
verdämmernden Rändern .... Ich habe ihn eine volle Stunde lang

---

48   Uranus und Neptun im großen Refraktor der Treptow-Sternwarte. Von Julius
        Kurth jun. Mit zwei daselbst angefertigten Skizzen von Dr. Julius Kurth. *Das
        Weltall. Bildgeschmückte Zeitschrift für volkstümliche Himmelskunde* 28.
        1928. S. 81–83.

eingeschluckt und auch aquarelliert, heut kommt der fernste der Son-
nensöhne daran. Ich weiß vorher, daß er mir wie ein bläulicher Steck-
nadelkopf erscheint, daß man schon enormes Glück haben muß, wenn
man auf dem Neptun «Sprenkelungen» sehen soll, daß das Ganze
nichts als Illusion ist, und doch freue ich mich unbändig, diesen
Schlußpunkt unseres Planetensystems heranschrauben zu lassen.

Haben Sie Mereschkowskij's[49] «Messias» gelesen? Ich soll ihn
rezensieren?, habe aber von seinem Helden, dem Sonnenkönig Ech-
naton – Amenophis IV., durch sehr eingehende Studien ein ganz
anderes Bild gewonnen. Wenn man den «Leonardo» und den «Apo-
stata» gelesen hat, dann fällt der «Messias» unbedingt ab. Immer wieder ein genialer Schwächling, in dem zwei Extreme kämpfen, und
immer völlig unvermittelt! Zuerst peitscht das auf und reißt einen in
grauenhafte Mystik hinein, beim dritten Exemplar dieser Gattung
homo aber wird's einem zur Gewohnheit. Und doch halte ich Mereschkowskij für einen der Allerbesten. —

Ich glaube ich habe Sie nun reichlich festgeschwatzt. Eine
dämliche Familiensage behauptet, ich schriebe eine, höchstens zwei
Seiten Briefe. Sie sehen, wie die Sage entstellt.

Unser ganzes Haus grüßt Sie und Ihre Lieben herzlichst. Gott
gebe, daß Sie die Sorge um Ihren lieben, sympathischen H. Stiefsohn
los werden! Ich muß so oft daran denken.
In herzlicher, dankbarer Liebe und Verehrung Ihr
JK

Ha! Für die Tournedos will ich mich rächen! Ich werde ein «Tournedos à la B. v. Münchhausen» dichten ... mir schwebt schon alles

---

49   Dmitrij Sergeevič Merežkovskij, St. Petersburg 2./14. Aug. 1865–9. Dez.
      1941 Paris, russischer Schriftsteller, emigrierte 1920; er wurde durch
      historische Romane bekannt: *Julian Apostata. Der letzte Hellene auf dem
      Throne der Cäsaren. Ein biographischer Roman.* Deutsch von Carl von
      Gütschow. Schulze, Leipzig 1903. – *Leonardo da Vinci. Historischer Roman
      aus der Wende des 15. Jahrhunderts.* Übersetzt von Carl von Gütschow.
      Schulze, Leipzig 1903. – *Der Messias. Roman.* Übersetzt von Johannes von
      Guenther. Grethlein & Co., Leipzig u. a. 1927. *Russian Biographical Archive*
      R 310, 303–314; SU 302, 4–53; RS 39, 341–405.

mögliche Reizende vor – und die staunende Welt soll annehmen, daß
Sie der Schlemmer sind. Was denken Sie z. B. über folgenden Vor-
schlag:

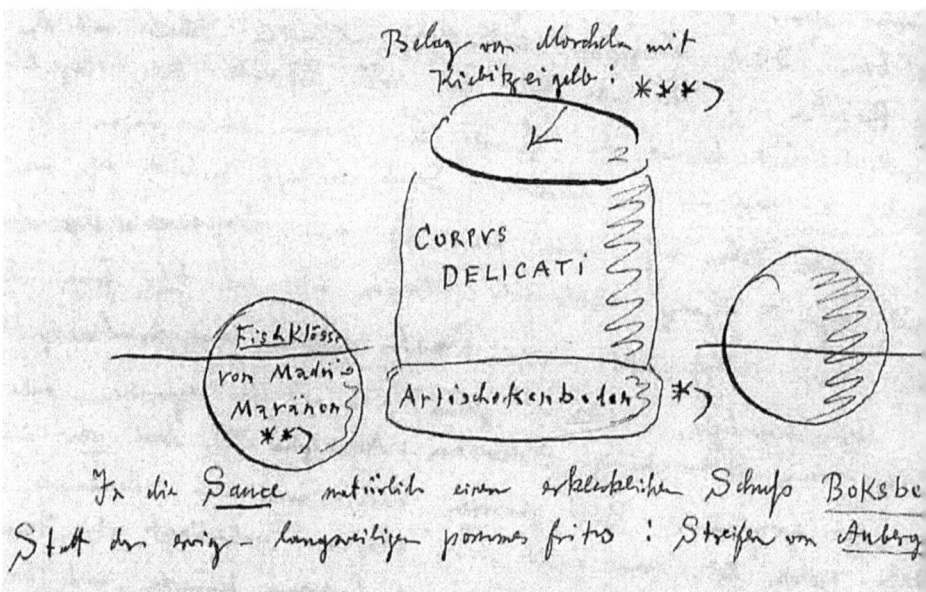

In die Sauce natürlich einen erklecklichen Schuß Bo[c]ksbeutel!
Statt der ewig-langweiligen pommes frites: Streifen von Auberginen.

* Mir klingt durch «Artischocke» immer «Aristokrat».
** Mönche lieben Fastenspeisen, besonders gute.
*** Schwarz-Gelb.

Der Gedanke der Sauce ist noch nicht reif und macht mir viel Sorge.
Sie soll Extreme ausgleichen ... aber eigentlich müßte sie es nicht!
Das paßt besser zu Ihnen.
Wie sinnig und ergreifend, daß dies Tournedos (wegen der Kibitzeier)
nur im Frühling gegessen werden kann!

18
Dr. Kurth   Berlin-Hohenschönhausen, 11.VI.28

Hochverehrter lieber Herr Baron, Gönner, Angebeteter und Freund!
(Vgl. Fröhl. Woche, S. 73, Z. 14 f. v.u.)
     Mein Ältester Julius feiert am 20. d. M. seine Hochzeit in meinem
Pfarrhaus und wird von mir getraut. Bitte schreiben Sie ihm eine Zeile
Glückwunsch, z.B.: «Herzlichen Glückwunsch! Börries v. Münchhau-
sen» (Sie können sie ja diktieren!) Er vergöttert Sie, zitiert Ihre (leider
nicht meine) Verse und Sie machen einen glücklichen Menschen noch
glücklicher!
Verzeihen Sie die Lästigfallung
Ihrem Sie dankbar verehrenden JK

19
                                              Remeringhausen, 16. Juli 1928

Hochverehrter lieber Herr Baron!
Zum vierten Male bin ich nach amtlicher Überbürdung und neuer
Zermürbung in den Frieden von Remeringhausen getaucht und habe
mich sichtlich erholt. Ehe ich Abschied nehme, muß ich Ihnen
schreiben und Ihnen einen Hauch Ihrer (augenblicklich allerdings
reichlich heißen) Heimatsluft einpacken. Ich danke Ihnen Ihr letztes
Schreiben mit den prächtigen Eindeutschungen des Archipoeta[50], an
denen ich mich schon seit Jahren versucht habe; ich danke Ihnen den
gütigen Glückwunsch zur Hochzeit meines Ältesten (er bekam einige
80 Depeschen und über 100 Briefe, aber Ihr Brief war der einzige, der
am Schluß der Tafel verlesen wurde), ich danke Ihnen – weiß Gott,
was ich Ihnen alles danke! Den Dichter glaubte ich seit vielen Jahren
zu kennen, aber ich habe ihn doch richtig erst durch den Menschen
kennen gelernt!

---

50   Der wirkliche Name und die Herkunft des Archipoeta, um 1130–um 1165,
        sind nicht bekannt. Von ihm sind 10 Lieder erhalten. Vgl. Bernhard
        Bischoff: Archipoeta. *NDB* 1.1953, S. 336–337.

Frl. Langé (L'ange!)[51] kam, und das Thema dieses freundlichen, famosen Hausgeistes waren Sie! Ich war wiederholt in Apelern, wo ich Ihren Vater[52] ebenso fand, wie in den vergangenen Jahren, aber überall sah ich Sie. Der Dichter ist der lebendigste, der am häufigsten zitiert wird, und in Remeringhausen sind Sie am lebendigsten, denn am Schlehenbaum, am Goldregen, am Jasminstrauch höre ich Ihre Verse, und als vor einigen Wochen der «Türmer» mit dem «Wurzelzwerg»[53] eintraf, da freute ich mich unbändig der kühnen – ungekürzten Wiedergabe.

Und wenn ich Ihren Bruder über die endlosen Steuern und Abgaben klagen höre, dann höre ich – Sie! Und die Flüche, die in meiner Seele gegen die phänomenalen «Errungenschaften» unserer herrlichen Republik auskriechen, könnte einen Zoologischen Garten von erklecklichen Dimensionen betiern, darunter mit Exemplaren, gegen die Kentauren und Sphinxen das kindliche Lallen impotenter antiker Phantasie darstellen würden. Kurz, ich habe Sie fortwährend in (leider nicht unmittelbarer) Nähe und freue mich Ihrer Kraft.

Die Tage sind geflogen, ich habe genossen, gemalt, gestägsert, wie immer, und reiße mich schwer los, wie immer. Je älter man wird, desto begieriger erhascht man den Augenblick. Die Jugend hat keine blasse Ahnung, was sie eigentlich genießt, und das ist auch gut, sonst würde sie vor Freude verrückt werden.

In Apelern blüht der rote Lotus. Ich habe einen Kelch gemaust und einen geschenkt gekriegt, um ihn zu aquarellieren. Forellen habe ich dies Jahr nicht gesehen. Es wird ihnen zu heiß sein, denn das Wasser ist heuer wie Bouillon.

Wann sehe ich Sie? Ich habe oft Sehnsucht nach Ihnen. Bitte legen Sie Ihrer hochverehrten Frau Gemahlin meine Huldigung zu Füßen. Dankbar und achtungsvoll der Ihrige JK

---

51   Emmy Langer, 1858–1946, wurde von Münchhausens Eltern 1889 als Hauslehrerin engagiert. Sie war gut gebildet, hatte einen «lahmen Fuß» und da sie dem Französischen zugeneigt war, nannte man sie gern Mademoiselle Langé. Sie wurde Börries' vertraute Ansprechpartnerin und blieb es bis zu einem Tode. Vgl. Gans, S. 84–86.
52   Börries von Münchhausen, 1845–1931.
53   9. Juni 1928, S. 165.

20
Dr. Kurth   Berlin-Hohenschönhausen, 19.VII.28

Hochverehrter lieber Herr Baron!
«... und Schlag auf Schlag»: Umgehend: Tausend Dank für Ihren Brief! Er hat mich schon nachdenklich gemacht!

1) Darf ich am Montag den 30. Juli auf einige Tage in Windischleuba sein? Ich hoffe, es «dienstlich» möglich machen zu können, denn nach den Prognostiken der kommenden Amtszeit dürfte es sonst frühestens im Juni des nächsten Jahres werden.

2) Darf mein Wolf am 4. August über Sonntag nach Windischleuba kommen? Er bleibt höchstens 2 Nächte. Es ist dem «lieben Kind» schon voriges Jahr verheißen worden, es sehnt sich nach dem Märchenschloß. Seien Sie seinem Wunsch nicht böse.

3) Darf ich um umgehende Antwort bitten? Ich muß nämlich schon am Sonntag meine Disposition treffen (syntemalen ich im Nebenamt Geistlicher bin).

4) Falls 1) bis 3) abgelehnt wird, schreibe ich ausführlich auf die beiden letzten Briefe hin. Falls nicht, geht's mündlich besser.
In Dankbarkeit, Liebe und Verehrung Ihr
JK
Ich küsse der Frau Baronin die Hand.

20a [Von Münchhausen]
                                             Windischleuba 21.7.28

Lieber Herr Doktor,
es paßt uns vortrefflich für beides, sowohl Sie am 30. Juli, wie der Wolf am 4. August, und damit Sie nicht noch einmal zu schreiben brauchen, will ich gleich sagen, daß, wenn Sie nichts anderes schreiben, ich Sie um 12.37 mittags in Altenburg erwarten werde, (offener Adler). Sie müßten dazu um 9.38 am Anhalter Bahnhof abfahren.
Mit einem herzlichen Auf Wiedersehen bin ich
Ihr treu ergebener [M.]

21

Pfarrhaus, den 8.VIII.1928

Mein sehr verehrter und lieber Herr Baron,

ich will mich bemühen, ohne Phrasen Ihnen meinen innigsten Dank auszusprechen dafür, daß ich in Ihrem prächtigen und doch so gemütlichen Heim 3 Tage verleben durfte, die mir in ihrer Fülle an Neuem und Schönem und Interessantem wie 3 Wochen vorkommen.

Und dann meinen besonderen Dank für drei besondere Dinge: Der Rezitationsabend, der darum so persönlich war, da er am persönlichsten Orte stattfand. Am meisten aber für die beiden langen Gespräche auf unseren Spaziergängen in Ihrer freundlich erziehenden und gütigmahnenden Weise, die mich mit ihrer wohltuenden Warmherzigkeit froh überzeugt sein ließen, daß ein Mensch mit wirklich lieber Teilnahme zu mir sprach.

Für mich werden die Tage in Windischleuba eine bleibende, leuchtende Erinnerung sein.

Ich bleibe mit den herzlichsten Grüßen Ihr stets dankbarer

Wolfram Kurth

22

Dr. Kurth   Berlin-Hohenschönhausen, 12.VIII.1928

Hochverehrter lieber Herr Baron!

Nochmals tausend Dank für die freundlichen Tage, die Sie mir geschenkt! Ihr Herr Sohn[54] hat zwar die Ansicht, ein mündlicher Dank genüge, aber da mit Takt und Dankbarkeit das erste Stadium des vornehmen Menschen beginnt, so kann man gar nicht vornehm genug sein.

Auf der Heimfahrt las ich wieder einmal Ihr «[Herz] im Harnisch»[55] und notiere: S. 43 Z. 8 «das» pro «daß». S. 35 Z. 15 «rauchte»? Wohl «rauschte»? Denn er kann vielleicht von heißem Blut

---

54   Börries von Münchhausen jr. (1904–1934) kam am 10. Jan. 1934 durch einen
      Autounfall ums Leben.
55   *Herz im Harnisch. Neue Balladen und Lieder.* Berlin: Fleischel 1911. 135 S.

rauchen, aber nicht «der Heimat zu rauchen» (Allerdings habe ich das
getan, als ich's las!)

Zuhause fand ich herzlich dankbar den inzwischen eingetroffenen
Manuskriptschatz. Ich habe ihn bereits in das Münchhausen-Archiv
eingeordnet. Es umfaßt jetzt in 19 Rubriken 177 Einzelnummern. Ein
scharfes principium divisionis waren bei dem allmählichen Entstehen
und bei Ihrer sich immer mehr herausstellenden Vielseitigkeit noch
nicht möglich, aber das Ganze ist so gruppiert, daß Einzelnes sofort
auffindbar ist. Wo ich sie kriegen konnte, sind auch die Abdrucke
eingefügt. Wenn ich noch ein paar Jahre gesammelt habe, «veran-
stalte» ich eine neue, logische «Aufmachung».

Von den «Geschichtchen (Weserzeitung leider: «Geschichten»)
aus der Geschichte» ist der letzte Abdruck, den ich besitze, Nr. XI
«Zu Helm und Schild geboren», Weser-Zeitung 29. Juli 1927.[56] Weiterer Nummern hat mich die Weser-Zeitung nicht wert gehalten. Also:
Bitte! Bitte!

Auf dem Bahnhof Altenburg traf ich den Kentauren, der mir von
seinem «Gottfried Kämpfer»[57] erzählte. Ob ich ihn nicht doch lesen
soll?

Das «liebe Kind» zieht fortwährend zur negativen Freude seiner
Mutter liebenswürdige Parallelen zwischen Windischleuba und Hohenschönhausen, hat aber das Malheur, daß auch sein Bellmann gegen
ihn steht. Da der Bellmann aber momentan durch den Bubikopf einer
Art «Mieze Wimmer»[58] geblendet wird, fühlt sich Wolf weit erhaben.

Ich siele mich nun wieder allmählich in mein Arbeitsfeld hinein
und sehe den Vorhang wieder auf ein Jahr fallen. Aber Kraft und
Freude habe ich mitgebracht, und die danke ich Ihnen. Meine Leute
sind von den «Ur-Schreien» schier begeistert.

Etwas Freundliches muß ich Ihnen noch schreiben: Als meine
Schwester Sie voriges Jahr bei uns kennen lernte, da war sie vorher

---

56 Nr. 411, 1. Beil.
57 Herman Anders Krüger (1871–1945): *Gottfried Kämpfer. Ein herrnhutischer
    Bubenroman in 2 Büchern.* Braunschweig: Westermann (1927). 508 S. – Erst-
    ausgabe 1904.
58 Vgl. Münchhausen: Ein fabelhafter Mann, s.o.

schwer krank gewesen und hatte bereits gefürchtet, nicht erscheinen zu können. Sie ist eine starke, klare, nüchterne Natur, hochgebildet, etwas skystisch[59], etwas verschlossen. zu unserer Verwunderung schrieb sie nach Ihrem Besuch: «Ich denke voll Dankbarkeit an den gestrigen Tag, der mir ein Ersatz für alles war, was ich während meiner Krankheit versäumt hatte.»
In herzlicher Liebe und Dankbarkeit Ihr
JK

22a [Von Münchhausen]

15.8.28

Lieber Doctissimus,
nur kurz einen herzlichen Gruß und Dank für den Druckfehler. Rauchte ist dagegen richtig, ein Fluß raucht im Morgengrauen und der Rauch [verteilt?] sich seinem Laufe entlang.
Bitte verbessern Sie in der Wi[--] Besprechung einen schrecklichen Fehler: Maecenatem!
In Treue Ihr dankbarer [M.]

23
Dr. Kurth   Berlin-Hohenschönhausen, 5.XI.1928

Hochverehrter lieber Herr Dom-, Schloß-, Kammer-, Patronats- und Freiherr!
Ich habe mich über die gütige Sendung des Rickeltschen[60] Bildnisses sehr gefreut und danke Ihnen von ganzem Herzen! Wir alle finden die Zeichnung objektiv-vortrefflich und so ähnlich, wie es bei einem beweglichen, flackernden Gesicht möglich ist. Interessant ist das Experiment mit dem linken Auge, wo der Künstler den Lichtfleck der Pupille über den Lidrand gezogen hat. Das andere Rickeltsche Bild-

---

59   Dem Hrsg. nicht geläufiger Begriff; evtl. skytisch?
60   Karl Rickelt, Lippstadt 25. Sept. 1857–1944? München, Maler und Illustrator, trat insbesondere durch seine insgesamt 29 Hitler-Bilder hervor. – Vgl. Münchhausen: Zu Karl Rickelts Bildnis. *Velhagen & Klasings Monatshefte* Mai 1930.

nis, dessen Reproduktion in der Wochenbeilage «Das Leben im Bild» des Schkeuditzer Tageblattes mir vorliegt, ist idealistischer und nicht weniger lebendig. So können Sie auch aussehen. Jedenfalls sind alle beide ganz brillante Arbeiten.

Ihr Brief aus Oberhof hat Sie mir sprühend-lebhaft nahe gebracht, besonders der Stresemann- und Hebräerpassus. Ich würde Sie so gern am 1.XI. bei uns gesehen haben, aber ich weiß, wie kostbar Ihre Zeit ist, und wir waren herzlich erfreut, Ihre Frau Gemahlin wenigstens auf zwei Stündchen im Pfarrhaus zu haben.

Bei mir heißt es jetzt: «Inter arma silent musae.» Wir stehen im Zeichen der Kirchenwahlen, Etatberatungen, Kommissionssitzungen u.s.w., und ich muß meine heißgeliebten Keilschriften auf Wochen liegen lassen. Im Januar soll ich einen Mars-Vortrag auf der Treptower Sternwarte halten. Falls ich Weihnachten überlebe, allwo ich in 11 Tagen 7 Gottesdienste habe, kann ich mich dann mit Vorbereitungen für den Vortrag erholen!

Anbei ein Blatt aus dem heut erschienenen Stargardt-Katalog[61], das Sie vielleicht interessiert.

Mit vielen Grüßen von meinem ganzen Hause an Sie beide und in herzlicher Liebe und Verehrung Ihr

JK

24
Herrn Börries Freiherrn von Münchhausen zum 20. März 1929

Dir gebe der Geist, der Alles schafft,
Kraft für den Stoff – und Stoff für die Kraft,
Bei neuen Eindrücken raschen Griff,
Nach raschem Griff den feinsten Schliff,
Starker Prägungen Schwermetall, –
Verslein so leicht wie ein Federball,
Blumengedanken, die niemals welk,

---

61   J. A. Stargardt, 1830 in Berlin gegründete Buch- und Musikalienhandlung, die sich seit 1885 unter Eugen Mecklenburg auf Antiquaria und Autographen konzentrierte.

Wuchtender Urwaldstämme Gebälk,
Ernster Gestalten tragischen Chor,
Lustiger Elfen Sonnenhumor,
Fortunati Säckel, der nimmer leer,
Kurzum: Das Gleiche, wie – bisher!

JK

24a [Von Münchhausen]

Windischleuba, 21.3.29

Mein lieber und verehrter Freund,
ich danke Ihnen für das reizende Gedicht und die darin ausgespro-
chenen Glückwünsche. Nehmen Sie als bescheidene Gegengabe den
in den nächsten Tagen folgenden Stoß Manuskripte in Ihre freundlichen Sammlerarme auf. – Ich bitte Sie herzlich mir doch das Manuskript der Tagebuchzettel einer Balkanreise[62] für einen Tag zu über-
lassen, da ich es für die Zusammenstellung meiner Aufsätze brauche.
Ihr treu ergebener [M.]

25

Postkarte
Herrn Börries Frh. v. Münchhausen
Dr. Dr. Dr.
in Schloß Windischleuba
bei Altenburg
Thüringen

Absender: Dr. Kurth, Berlin-Hohenschönhausen

4.IV.1929

Hochverehrter lieber Herr Baron!
Sie schrieben mir am 21. März, daß «in den nächsten Tagen» bei mir
ein «Stoß Manuskripte» eintreffen sollte, und erbaten die «Balkanreise» zurück. Die «Balkanreise» ist gestern wieder bei mir angelangt,

---

62   Veröffentlicht in *DAZ* 201: 5. Mai 1927, 1. Beiblatt.

die Manuskripte aber nicht, und ich bin in großer Besorgnis, daß die Sendung verloren gegangen ist!
Mit herzlichen Grüßen verehrungsvoll Ihr
JK

26
Dr. Kurth   Berlin-Hohenschönhausen, 16.IV.1929

Sehr geehrter lieber Herr Baron!
Vielen, vielen Dank für die gütige Sendung der Manuskripte, die ich meinen Scheuern einverleibt habe. Das Münchhausen-Archiv hat jetzt Nr. 200 überschritten – wie reich Sie doch sind!

Aufgrund des Erlasses «Fröhliche Woche» S. 66 («Ich gebe Eigenschriften nur ab in eingesandte Stücke meiner Bücher») beantrage ich ganz ergebenst einen Namenszug in beigefügtes Buch. Es gehört meiner Schwester.

Die «Sieben auf einen Streich» haben mir ebensoviel Erheiterung, wie Ärger gegeben. Solche Kollektivtaufen sind in Groß-Berlin gar nichts seltenes. Sie werden in der Regel dann angemeldet, wenn das älteste Kind in den Konfirmandenunterricht kommen soll. Da aber die Presse Sensation braucht – und die glücklichen Eltern Zechinen – so wurde ich an diesem gesegneten Tage von früh bis Mittag an den «Quassel» gerufen und mußte mit Jud' und Christ verhandeln. Vor der Kirche natürlich Reporter und Photographen. Sie wollten mich kurbeln, ich – habe ihnen im Sinne des Götz von Berlichingen geantwortet, nur etwas verblümter.
Mit herzlichen Grüßen von Haus zu Haus und in dankbarer Verehrung
Ihr
JK

26a [Von Münchhausen]
                                                    Windischleuba, 19.4.29
Verehrter und lieber Freund,
als Drucksache geht das Büchlein an Sie zurück. Möchte es Ihrer verehrten Schwester ein wenig Freude machen.

Mit herzlichen Grüßen von Haus zu Haus bin ich
Ihr treu ergebener [M.]

27
Postkarte
Herrn Börries Frh. v. Münchhausen
in Schloß Windischleuba
bei Altenburg
Thüringen

Absender: Dr. Kurth, Berlin-Hohenschönhausen

22.IV.29

Hochverehrter lieber Herr Baron!
Ich habe immer «das Krystall» geschrieben, warum, weiß ich nicht,
denn das Griechische sagt: ὁ κρύσταλλος. Aber noch bei E. T. A.
Hoffmann finde ich: «das Kristall». Bei Fontane, Wanderungen durch
die Mark IV, 106 steht: «Der Kristall.» Wann kam die Wandelung?
Was ist richtig? Warum empfinde ich: «Das»? Sie wissen ja alles!
Bitte!
Herzlichst Ihr
JK

28
Dr. Kurth   Berlin-Hohenschönhausen, 11.VIII.29

Hochverehrter lieber Herr Baron!
1) Anbei eine Nr. des «Reichsboten» mit einer Äußerung Ihrerseits
(denn der «Münchhausen» als solcher sind Sie doch!) und einem
Zusatz des «Reichsboten». Offenbar hat er Sie falsch verstanden, weil
das Wort «Einrichtung» doppeldeutig ist. Aber nicht nur er, sondern
auch verschiedene Geistliche, die Ihre Dichtungen verehren, nahmen
Anstoß daran. Es wäre vielleicht opportun, wenn Sie dem «Reichsboten» eine aufklärende Notiz schicken würden.

2) Der mir wohlbekannte Oberstudiendirektor Dr. [Hans] Henning, Dir. des Königstädt. Gymnas. hier, läßt im Verlage von Velhagen u. Klasing eine «deutsche Ausgabe» neuzeitlicher Dichter, hauptsächlich wohl für höhere Schulen, erscheinen, in der er gern als Gegengewicht auf Stephan George eine Reihe Ihrer Dichtungen setzen möchte. Falls das aus Verlagsgründen geht und Sie nicht prinzipiell dagegen sind, bitte ich um kurze Nachricht. Herr H. wird sich dann persönlich an Sie wenden.
Mit herzlichen Grüßen von Haus zu Haus verehrungsvoll Ihr
JK

29
Ivs ingenii
Asellvs stans in stabvlo
Se delectavit pabvlo
Et epotavit aqvae vas
Et mandvcavit vrticas.

Consederat papilio
Nitens in albo lilio,
Qvem allectabat pvlcher flos,
Mel dvlce. effvlgescens ros.

Spactavit ambo simia,
Qvae perscrvtabat nimia.
Fvscam volvit codicvlam
Et fricvit avricvlam.

«O ivs», ait, «mirabile
ingenii, admiror te!
Volare possit svbito
In stabvlam papilio:

Insectvm ferat, cvpidvm
Vrticae floris, gavdivm

Ancillis (vvltv variis!)
Et servis stabvlariis.

Sin avtem mente stvpidvs
Intraret hortvm asinvs
Vt lilivm tabesceret,
Dorsvm plagis marcesceret!

Vindicem plane iacivnt,
Si dvo idem facivnt.
Hic est illvd credibile,
At istvd impossible!»

9.I.30 JK

30
Pfarrer Dr. Kurth
Berlin-Hohenschönhausen
Fernruf: E 5 Lichtenbg. 0640   1.II.30

Hochverehrter lieber Herr Baron!
Was haben Sie mir durch Ihre Manuskriptsendung wieder für eine
große Freude bereitet! Verschiedene Aufsätze kannte ich aus den Zei-
tungen, aber die Noveletten «Die Libelle» und «Die Operation» waren
mir eine Überraschung. Sind sie gedruckt? Und wo? Und wo ist
«Deutsches Leid» von «Karl Trost» erschienen?[63]

Können Sie Sich vorstellen, daß ich in meinem Münchhausen-
Archiv jetzt 266 Nummern habe? So, wie Sie, schenkt ein Krösus.

---

63   Nach einer hss. Notiz Münchhausens auf dem Brief: Die Libelle – *Süd-
     deutsche Monatshefte*. Mai 29; Die Operation – *D. P. K.* [Deutsche Presse-
     Korrespondenz] Mai 29; Deutsches Leid – *Der getreue Eckart* (Wien) Heft
     11.1929.

Aus dem Briefe Ihrer Frau Gemahlin[64] erfuhr ich, daß Ihr äußeres Leben vielleicht einer Wandlung entgegengeht.[65] Die Entscheidung soll schon im Februar erfolgen ... Ich kann mir Sie ohne Ihr «Schloß in Wiesen» schwer vorstellen. Wäre ich ein Jurist oder ein Geschäftsmann, so würde ich Ihnen aus vollster Seele meine ganze Kraft anbieten, um ein Verständnis mit Remeringhausen herbeizuführen. Ist es gar nicht möglich, Ihnen in dieser Richtung irgend einen Dienst zu erweisen? Ich werde wohl im Juni wieder (das sechste mal) auf einige Wochen nach R. gehen.
In herzlicher Liebe und Verehrung und mit treuen Grüßen von Haus zu Haus der Ihrige
JK

31
Pfarrer Dr. Kurth
Berlin-Hohenschönhausen
Fernruf: E 5 Lichtenbg. 0640   Zum 20. März 1930

Hochverehrter lieber Herr Baron!
Kraft und Heil für das neue Lebensjahr! Ihr Brief hat mich sehr bewegt und mir wertvolle Winke gegeben, falls ich dies Jahr wieder nach R. gehe.
   Anbei etliche Fabeln. Es sind noch mehr da. Wenn ich 20 habe, will ich sie veröffentlichen und Sie bitten, die Widmung anzunehmen, falls Sie sie Ihrer würdig halten.
In herzlicher Verehrung und Liebe und mit treuen Grüßen von Haus zu Haus Ihr
JK

---

64   Anna von Münchhausen (1871–1945, geb. v. Breitenbauch, verw. Crusius).
65   Vermutlich im Kontext der Klage der Münchhausen-Schwestern, Mete v. Blomberg und Lisa v. Ditfurth, gegen die Brüder im Juni 1929, auf Zahlung eines Ausgleichs für die Übernahme der Münchhausen-Güter Apelern, Moringen-Oberdorf, Remeringhausen, Nienfeld und Windischleuba.

31a [Von Münchhausen]

20.3.30

Lieber Herr Doktor,
ich danke Ihnen herzlich für die freundlichen Glückwünsche und die
entzückenden Fabeln. Wenn Sie mir die Freude dieser Widmung machen wollen, so werde ich mich sehr geehrt fühlen. Ich würde übrigens für die Herausgabe doch eine gegenüberstehende deutsche Vers-
Übersetzung für sehr wichtig halten, denn beispielsweise von meinen
Freunden, auch den Universitäts-Professoren und Oberlehrern ist kein
einziger imstande, die Gedichte des Archipoeta zu verstehen, die mir
oft so viel gewesen sind. So fürchte ich, daß auch hier der Kreis der
Versteher, d.h. der Kreis der Liebhaber einen zu kurzen Radius haben
könnte, wenn Sie nicht die deutsche Übersetzung gegenüberstellen.
In herzlicher Verehrung und in treuer Freundschaft bin ich, mein
lieber Herr Pastor,
Ihr dankbar ergebener [M.]

32

Pfarrer Dr. Kurth
Berlin-Hohenschönhausen
Fernruf: E 5 Lichtenbg. 0640   20. Mai 1930

Sehr geehrter lieber Herr Baron!
Ich danke Ihnen für Ihre freundlichen Worte zu meinem 60. Geburtstage (resp. Condolenz) und das wunderhübsche Buch von ganzem
Herzen. Vergeben Sie gütigst die verspätete Antwort: ich habe über
200 Glückwünsche aufzuarbeiten.
    Der Tag war schön, aber auch anstrengend, da wohl 50 Gratulan-
ten über mich hereinbrachen, u.a. sogar der Generalsuperintendent
von Berlin. Auch der Kaiser hat mir einen schönen Brief geschickt.
Mein Gabentisch glich einem großen Blumenbeet. Die kirchl. Körper-
schaften stifteten mir eine Silberplakette mit dem Bilde meiner Kirche, die Frauenhülfe einen Silberbecher, die Jugendvereine eine vor-
zügliche Nachbildung des Kopfs der Nefre-te-te, und ein Gemeinde-

mitglied .... eine lebendige Vogelspinne, die in einer Bananenpackung gefunden wurde.

Ich hoffe, daß Sie Sich frischer fühlen, als ich. Wenn man erst zwischen 60 und 70 steht, wird das Leben reizlos.

Mit herzlichen Grüßen von Pfarrhaus zu Schloß verehrungsvoll Ihr

JK

33

Pfarrer Dr. Kurth
Berlin-Hohenschönhausen
Fernruf: E 5 Lichtenbg. 0640   17. Juni 1930

Hochverehrter lieber Herr Baron!

Zu Ihrem Aufsatz «Gottes kleiner Finger» im «Tag» gestatte ich mir, eine Triplizität zu fügen, die an das Wunderbare grenzt.

Am 7. Juli 1923 traute ich eine Konfirmandin, und meine Frau und ich feierten die Hochzeit mit. Vor dem Festmahl hielten wir uns im Garten der Brauteltern auf und ich plauderte mit der Braut: «Was hast Du da für graue Pflanzen im Mittelbeet stehen?» – «Das ist Edelweiß, wenn es größer wird, wird es weißer.» –

Nach Mitternacht waren wir zu Hause. Meine Jungen waren längst zu Bett, aber sie hatten mir eine alte Zeitung auf den Tisch gelegt, die sie zufällig gefunden hatten, und darin ein Gedicht von meiner Feder mit Rotstift angestrichen: «Das Märlein vom Edelweiß.» –

Am anderen Morgen erschien Frl. Gertrud Witte und brachte mir einen Blumentopf mit – Edelweiß, den sie gestern Nachmittag in Berlin gekauft.

Alle drei Dinge waren von einander völlig unabhängig. Weder ahnten die Jungen, daß die Braut Edelweiß im Garten hatte, noch hatte Frl. Witte davon eine Ahnung, als sie den Blumentopf zur selben Zeit kaufte, zu der mir das Edelweiß gezeigt wurde.

Mit herzlichen Grüßen von Haus zu Schloß verehrungsvoll Ihr

JK

34
Pfarrer Dr. Kurth
Berlin-Hohenschönhausen
E 0 Lichtenbg. 4640

1. Juli 1930

Sehr verehrter lieber Herr Baron!
Ich wollte Ihnen für die freundliche Übersendung des Stuhlfauth-
schen[66] Aufsatzes – «Rätsel mittelalterl. Bibelkunst», der mir Bekanntes enthielt, erst danken, wenn ich Ihnen eine kleine Ergänzung
geben könnte, und das konnte ich erst nach meiner Heimkehr.

Es steht fest, daß Moses seine Hörner durch einen Übersetzungs-
fehler der Vulgata in der ganzen Christenheit bekommen hat, aber
höchst seltsamerweise im Vulgärglauben des Judentums auch! Hören
Sie:

Vor mir liegt der Originaldruck: «Eine Warhafftige Historia geschehen zu Stasfurt / am abend der geburt Christi / im MDXXXIIII
jare. Mit einer schönen Vorrede / D. Mart Luther Gedruckt zu Wit-
temberg / Nickel Schirlentz 1535». Hierin beschreibt Laurentius
Döner, Pfarrer zu Stasfurt, daß zu ihm am Weihnachstabend ein Mann
zur Beichte gekommen sei, «gekleidet mit einem schwartzen bösen
rocke, und hatte einen bösen huet auff seinem haubte, und den huet
gezogen fur die augen.» Dieser habe ihm die verfänglichsten Fragen
über die Geburt Christi vorgelegt, die der Pfarrer getreulich abdruckt.
Nun geht aus den Fragen und Reden des Mannes mit absoluter Sicher-
heit hervor, daß er Jude war, der den Geistlichen ärgern wollte. Dieser
aber und Luther, der ein prachtvolles Vorwort geschrieben hat, hielten
ihn für den leibhaftigen Teufel.
Ich setze Ihnen folgende Textprobe her:
«Da hat er angefangen / und hat gesagt / ich bin gegangen auff
dem felde / vnd habe den himel schon offen stehen / vnd MOSES
hat von dem himel er nider gesehen / vnd seine hörner aus dem

---

66   Georg Stuhlfauth, Mußbach 6. März 1870–2. Febr. 1942 Berlin, Christlicher
      Archäologe und Kirchenhistoriker; seit 1912 Extraordinarius an der Univer-
      sität Berlin. Vgl. *DBA* II 1285, 82–83; III 901, 79–103. – Aufsatz noch nicht
      erm.

himel gestrackt / vnd an dem einen horn Mose hat ewer Christus gehangen / der selbige hat sich vnterstanden das Gesetze Mosi zuuerstören / vnd Moses ist zornig worden / vnd hat Christum von dem horn auff die erde geworffen / den haben die Jüden ergriffen / vnd vmb seiner vber trettung widder das Gesetzes Mosi / also gecreutzigt vnd getödt / Vnd auff dem andern horn / hat gesessen der Man der Adam vnd Eua jnn dem Paradis von dem apffel hat gegeben zu esen / Vnd darneben mich [hier berichtet der Prediger wieder!] drey mal gefragt und gesprochen / Kennet jhr den Man wol? wer ist er gewest? Inn dem bin ich erschrocken / vnd habe geantwort (Es ist der Teuffel gewest) Darauff antwortet er nichts / schweig stille.»

Hier können Sie gleich zwei Fliegen mit einer Klappe schlagen: Nicht nur die Hörner des Moses, sondern auch der Apfel des Paradieses sind in den Anschauungskreis der Juden in der Reformationszeit übergegangen! Denn «die Rabbinen schwanken zwischen Weizen, Dattel, Traube, Ethrog, Feige» (H. L. Strack, Die Gnosis. 2. Aufl. München 1905. S. 13) wissen aber vom Apfel nichts.

Daß malus und malum zu der Vorstellung des Apfels geholfen haben, glaube auch ich. Ich weiß nicht, ob Ihnen der Hexameter bekannt ist:

MALA MALI MALO MALA MAXIMA CONTULIT ORBI

Ich selbst habe 1888 eine tolle dramatische Skizze «Die letzte Walpurgisnacht» geschrieben, in der Mephisto die Gestalt des Moses erblickt und nach wütender Erinnerung an den Brief des Judas V.9 die Worte hinzusetzt:

Und doch erfuhr mein Geist die höchste Letzung,
So lange er in diesem Körper weilt,
Dass durch 'nen Fehler in der Bibelübersetzung
Man dir, wie mir, die Hörner zuerteilt.

Sie verzeihen gütigst die holpernden Rhythmen des Achtzehnjährigen, aber Sie sehen daraus, daß mir schon damals das Problem bekannt war.

Mit freundlichem Gruß von Haus zu Haus
in dankbarer Verehrung Ihr
JK

35
Pfarrer Dr. Kurth
Berlin-Hohenschönhausen
E 0 Lichtenbg. 4640

16. Juli 1931

Hochverehrter lieber Herr Baron!
Der reiche Zuwachs meines Münchhausen-Archivs hat mir herzliche
Freude bereitet, und ich sage Ihnen meinen aufrichtigsten Dank. Ich
bin stolz darauf, durch den Besitz eines so umfangreichen Hortes eine
Sonderstellung zu Ihnen einzunehmen. Auch meine Familie liest mit
großer Begeisterung darin. Von einer «unnötigen Belastung mit Pa-
piermassen» kann also keine Rede sein.

Ich hatte Sie in Apelern so verstanden, als ob Sie Material zu
einem Aufsatz über irtümliche Aufnahme von Bibelstellen u. dgl.
sammelten, und wollte Ihnen dafür meine Notiz über die «Juden-
beichte», die ich deshalb buchstäblich getreu kopiert habe, zur Verfügung stellen. Ich selbst komme keinesfalls zu der Arbeit. Augenblicklich benutze ich meine Mußestunden, um meinen Colossus zu vollen-
den, der bereits auf mehr als 16000 Verse geschwollen ist (übrigens
völlig ungefährlich, da ich ihn kaum jemand zu lesen gebe) und um
mir eingesandte 22 Keilschrifttafeln zu lesen. Diese fesseln mich
unbeschreiblich! Das ganze Kulturleben aus Alt-UR vor 4000 Jahren
wird lebendig! Was sagen Sie zu folgendem Datum:
«Jahr, als das Steinbockschiff auf den heiligen ‹Ozean›-See des
Meergottes ausgesetzt wurde»? Ist das nicht bunt?
Ich besitze nun schon über 40 solche Dokumente und ergänze
fortwährend.
Haben Sie nochmals tausend Dank!
Mit besten Grüßen von Haus zu Schloß verehrungsvoll Ihr
JK

36
Pfarrer Dr. Kurth
Berlin-Hohenschönhausen

4.XI.1931

Hochverehrter lieber Herr Baron!
Ich wollte auf Ihr «Bekenntnis»[67] im Eckart erst dann antworten, wenn
ich eine Atempause haben würde, um ausführlicher zu schreiben. Und
die kam erst heut. (Denn 1) sitze ich mit 17000 Seelen plötzlich ohne
Hülfsgeistlichen, der ins Pfarramt durchging, was ich ihm nicht ver-
denken kann, 2) hat unsere Kirchengemeinde eine größere Winter-
speisung aufgemacht, bei der ich – leider nicht kauend – tätig sein
muß, 3) – 4) .... 5 .... Der Generalsuperintendent tröstete mich, daß
ich nach 4 Jahren so viele Hülfsgeistliche haben könnte, wie ich
wollte. Ich entgegnete ihm: «Dann bin ich tot.» Japan, Keilschriften,
Astronomie und Gastronomie schlummern vorläufig den Dornrös-
chenschlaf, und wenn ich sie wecken könnte, bin ich kein junger
Märchenprinz mehr, sondern ein alter Trottel.)
    Also: Zuerst herzlichsten Dank für den Aufsatz und die
Erwähnung des alten Trottels (gestatten Sie, daß ich von jetzt ab der
Kürze wegen immer «AT» schreibe, was allerdings auch «Altes
Testament» bedeuten könnte), die meinen lieben Amtsbrüdern Wut-
ausbrüche entlocken wird. Denn zum Teil haben Sie sie richtig erkannt, zum Teil sind sie nicht gerecht. Es giebt von meiner Sorte noch
eine ganze Menge, ich könnte Ihnen sogar mindestens ein Dutzend
prachtvoller Freunde nennen, die nicht einmal ATs sind. Übrigens
habe ich als neuen Freund einen Prälaten und Monsignore gewonnen,
der in unserem Ort sein Wigwam aufgeschlagen hat.
    Das unstreitig Wertvollste Ihres Bekenntnises sind die Ausfüh-
rungen S. 217 «Die wundervollste Gründung .... die Kelch heißt Gott»
und S. 218 «Die geistig unfreiesten Köpfe .... wie die feinsten
Herrschaften.» Darin geben Sie unserer Kirche ein vortreffliches
apologetisches Material und sind in dem «Windrosenpassus» der ganze Münchhausen. (Ich meine natürlich: Börries!)

---

67   Noch nicht erm.

Bei Ihren Notizen über das Alte und Neue Testament werden die Fachmänner (in gutem Sinne! Keine «Schnösels» und ATs!) den Kopf schütteln. Die abgrundtiefen Glaubensworte der Propheten und Psalmen werden in unserer Zeit (gegenüber Ludendorf[68] u. Konsorten) mehr und mehr erschlossen, und das Beste, das Sie in den Suren des Koran finden, ist ein matter Abglanz der Bibel, auf deren altehrwürdigen, aber gar nicht mürben Schultern der Prophet stand. (Er war bisweilen doch auch ein AT!)

Und wenn Sie den treuherzigen Johannes mit seinem unglaublich ungelenken hebräischen Griechisch (trotzdem mauschelt er nie!) im Urtext lesen, dann werden Sie bald einen «Platonismus» in den Papierkorb werfen, wie das die theologische Wissenschaft schon lange mit den angeblichen Anleihen des Apostels Paulus bei griechischen Dichtern (Menander, Epimenides) getan hat.

«Orthodoxe» Pastoren gibt es heut nicht mehr. Sie starben schon in meiner Kandidatenzeit aus. Heut heißt es «positiv» und «liberal» – zu den positiven gehört Dr. Kurth, AT. – aber der Kontrast wird bald völlig verwischt sein. Der Zahl nach sind die Positiven in so erdrückender Majorität, daß auf alle übrigen 5 Parteien (darunter die Liberalen!) ein Drittel kommt. Aber das spielt heut keine Rolle mehr. Dogmatik hat längst ausgetrumpft, es kommt nur noch auf die Charitas hinaus, leider mit stark asketischem Einschlag. Ihr Freund Kurth (AT) gehört also bereits zum alten Eisen.
Mit verehrungsvollem Gruße
der Ihrige
JK

---

68   Erich Ludendorff, Kruszewnia 9. Apr. 1865–20. Dez. 1927 München, als Erster Generalquartiermeister und Stellvertreter Hindenburgs einflußreicher General im ersten Weltkrieg; als völkischer Politiker unterstützte er die Dolchstoßlegende und nahm am Kapp-Putsch und am Hitler-Putsch teil. Vgl. Bruno Thoß: Ludendorff, Erich. *NDB* 15.1987, S. 285–290.

37
Pfarrer Dr. Kurth
Berlin-Hohenschönhausen

3.XII. 1933

Hochverehrter lieber Herr Baron!
Die erste Atempause nach schweren Tagen! Ich habe in den letzten
Wochen mehr durchgemacht, als sonst in ebenso vielen Jahren.
Krankheit in der Familie, meine Frau operiert (Gott sei Dank glück-
lich!), dazu die furchtbaren Wirren in der Kirche, die mir nicht nur
jede freie Stunde zermürben, sondern mir schlaflose Nächte bereiten,
Kämpfe mit notorischen Halunken (ich blieb aber Sieger!), völlige
Lahmlegung meiner Kunst und Wissenschaft, weil ich jede Minute
meinem Amt widmen muß, das rapide Anwachsen meiner Gemeinde
(in 20 Jahren von 4000 zu 20000!), keine Hülfskraft ..... Es reicht so
ungefähr für eine Nervenheilanstalt, besonders da mir auch mein
Humor allmählich abhanden kommt.
   Ich brauche Sie gewiß nicht um Verzeihung zu bitten, wenn ich
erst heut schreibe. Ihr lieber Brief und die kostbare Sendung haben
mir einen Festtag in diesen Fasttagen geschenkt. Wie reich haben Sie
mich wieder begabt, und welche Schatzkammern haben Sie aufge-
sucht! Ich habe in spät Nachtzeit die Kostbarkeiten überflogen, die
«Garbe»[69] gelesen. Erscheint Sie baldigst, oder hat es noch Zweck,
Ihnen einige Druckfehler zu notieren? Haben Sie tausend Dank! Man
sehnt sich wirklich in diesen Kämpfen nach feingeistigen Werten!
   Zum Dr. Ihres Herrn Sohnes unsere herzlichsten Glückwünsche!
Wohl bekomm' Ihnen das otium cum dignitate – man muß bei Ihnen
sagen: cum dignitatibus, denn die zahlreichen Anerkennungen und
Würden, die kein andrer so verdient, wie Sie, müssen wirklich etwas
Erdrückendes haben. Wenn Sie nach Art der Publikatoren des 18.
Jahrhunderts auf die Titelblätter Ihrer Werke Ihre sämtlichen Prädi-
kate drucken lassen, dann brauchen Sie zwei Titel – und Titelseiten.
Von Remeringhausen resp. Apelern höre ich seit Jahr und Tag nichts.
Hoffentlich geht es dort gut.

---

69   *Die Garbe. Ausgewählte Aufsätze.* Stuttgart: Deutsche Verlags-Anstalt 1933.
     161 S.

Mit herzlichen Grüßen von Pfarrhaus zu Schloß und in steter Dankbarkeit und Verehrung der Ihrige
JK

38
Pfarrer Dr. Kurth
Berlin-Hohenschönhausen

11. Januar 1934

Meine lieben, hochverehrten Freunde!
Wir sind von dem furchtbaren Schlag, der Sie betroffen hat[70], so erschüttert, als wäre uns selbst ein naher Verwandter entrissen worden!
Hier ist ja weit mehr, als ein reich begabtes und hoffnungsvolles Men-
schenleben erloschen, es war ja der Hauptinhalt Ihres ganzen Seins!

Und doch müssen Sie sich hindurchringen durch das schwere Leid
und einander stützen! So lange man noch jemand lieb haben kann,
lebt man nicht umsonst, es mag noch so dunkel sein.

Gott sei Ihnen nahe in diesen Tagen! Unsrer herzlichen Fürbitte
und Anteilnahme können Sie gewiß sein. Und Ihre zahlreichen geistigen Kinder, lieber Herr Baron, werden Ihnen gewiß bald manch
freundliches Trostwort sagen. In tiefem Mitempfinden Ihre
Julius und Elisabeth Kurth

39
Pfarrer Dr. Kurth
Berlin-Hohenschönhausen

18.III.1934

Hochverehrter lieber Freund!
Ich hatte mir's anders gedacht. Irgend etwas Launig-Olympisches
sollte zu Ihrem 60. Geburtstag in Schloß Windischleuba eintreffen ....
der Gedanke ist mir jetzt wir eine Ironie! Was haben Sie und Ihre
liebe Frau Gemahlin durchgemacht! Was machen Sie weiter durch!
Wir sprechen so oft von Ihnen, und wenn herzliche Anteilnahme all'
das Schwere etwas leichter machen könnte, so müßten Sie es fühlen.

---

70   Börries von Münchhausen jr. (1904–1934) kam am 10. Jan. 1934 durch einen
      Autounfall ums Leben.

Wem Gott viel gibt, dem nimmt er auch viel, weil er dem Be-
gabten doppelte Kraft der Entsagung zutraut. Das klingt so vernünftig,
aber ich weiß gewiß, daß gerade der reich Begabte doppelt leidet, wie
der Unbegabte.

Könnte ich Ihnen doch persönlich nahe sein! Sie wissen, daß ich
Sie lieb habe!

Un nun mit Gottes Kraft in das nächste Jahrzehnt hinein! Sie sind
uns durch Ihr herrliches Licht noch viele Strahlen schuldig. Wie viele
geistige Söhne mögen Sie haben! So lange man noch die Macht besitzt, andern Menschen eine Freude zu machen, so lange lebt man
nicht umsonst, es mag so dunkel sein, wie es wolle.

Im geistigen regen Schaffen ruht nicht Vergessen oder Übertäuben,
wohl aber Überwinden!

Gott sei mit Ihnen und Ihrer lieben Frau Gemahlin!

In herzlicher Liebe und Verehrung Ihres

JK

40

17. September 1934

Hochverehrter lieber Freund!

Ihre gütige Sendung hat mir große Freude bereitet, und ich sage Ihnen
herzlichsten Dank. Ich habe mich bereits in die Einzelheiten vertieft
und oft einen unbändigen Genuß gehabt. Münchhausen muß man
nicht lesen, sondern behaglich kauen. Das famose Preisausschreiben
wäre ein tragisches Kulturbildchen für Dickens, die lyrischen Ab-
handlungen sind reich an wertvollen Gesetzen, die Rittergeschichte
glaube ich Ihnen nur halb, und die Kopien Ihrer Gedichte, die Sie bei
Ihren Vortragsreisen benutzt haben, sind mir ein besonders köstliches
Dokument.

Aber tief erschüttert hat mich Ihr Brief. Ich möchte so gern persönlich zu Ihnen fahren und Ihnen freundliche Worte sagen, bin aber
durch mein übergroßes Amt völlig gebunden. Hohenschönhausen ist
ausgerechnet mit seinen 22000 Seelen der größte Ort der Mark, der
nur einen Geistlichen hat. Die Arbeit zermürbt mich, Kunst und Wis-

senschaft liegen seit Jahr und Tag bei mir völlig brach, und ich habe die Behörde gebeten, mich mit meinem 65. Lebensjahre (Juni 1935) in den Ruhestand zu versetzen. Ich kann auch in meinem Alter, das mehr zum Frieden, als zum Kampfe neigt, die schweren Wirren unserer Kirche nicht länger durchmachen. Es wäre barmherzig, wenn man uns zu unserm 60. Geburtstage Strychnin oder vielleicht wirksamer Cyankali aufbaute, dann würde uns viel Ärger und Herzeleid gespart.

Auch sonst habe ich Schlimmes erlebt. Meine Frau hat sich sehr schwer den Arm gebrochen, und er wird wohl steif bleiben. Meine Schwiegertochter hat 2/3 des letzten Jahres im Krankenhaus zugebracht und liegt noch dort etc. – etc.

Sie sehen, daß auch bei mir die Sonne sinkt, und anstelle meines scheinbar unvertilgbaren Humors ist eine grimmige Bitterkeit getreten. Ich sehne mich nach noch ein paar Jahren der Ruhe und nach Kunst und Wissenschaft.

Gott sei mit Ihnen!

Mit herzlichen Grüßen von Haus zu Haus und in Dankbarkeit und Verehrung Ihr

JK

41

Dr. Kurth   z.Z. Gassen N.L. 28.I.35

Lieber Freund!

Ihre freundliche Sendung wurde mir in meinen Urlaub nachgeschickt, den ich diesen Monat bei Verwandten verbringe. Haben Sie herzlichen Dank! Ich habe mich über Ihr liebes Gedenken noch mehr gefreut, wie über die Sache selbst. Übrigens muß ich eingestehen, daß ich keine Ahnung habe, was der Rotary-Klub ist und bedeutet. Nach der Beilage, die ich mit bestem Dank zurücksende, jedenfalls geistige Aristokratie. Falls es den Herren wirklich Ernst ist, von meinen Blättern etwas zu veröffentlichen, habe ich selbstverständlich nichts dagegen. Ich bin aber stolz darauf, daß unsre Namen so verbunden werden.

In Dank und Verehrung der Ihrige JK

42
Pfarrer Dr. Kurth
Berlin-Hohenschönhausen

27.4.1935

Lieber Freund Münchhausen,
seien Sie nicht böse, daß ich erst heut schreibe. Ich habe unsagbar schwere Wochen hinter mir. Familienleid, Krankheiten im nächsten Kreis und eine schier unmögliche Amtsarbeit als einziger Geistlicher gegen 25000 Seelen!

Am heutigen Sonntag Quasimodogeniti[71] bin ich dienstfrei und gehe an die Abtragung von Briefschulden.

Haben Sie herzlichen Dank für die Übersendung des Klagesschen[72] Elaborats. Meine Visisektion durch den großen Meister hat bei meiner Familie ungemeines Behagen ausgelöst. Sie sagt, das meiste sei verblüffend.

Nicht stimmt, daß ich mich «unten herausfgearbeitet» habe. Unser Elternhaus war hochgebildet, mein Vater beherrschte Latein und Französisch und las die englischen Klassiker im Original. Er hatte auch Zeichentalent. meine Mutter schrieb formkorrekte Gedichte. In unserm Hause wurde viel gelesen und musiziert.

Gegen das mangelnde «Hingebungsvermögen» und die «bedingte Gesinnungsfestigkeit» wehre ich mich energisch. Meine Freunde kennen mich besser. Als echtes Berliner Kind habe ich auch niemals eine Spur von «Schüchternheit» besessen, nicht einmal bei meiner Antrittspredigt.

Sonst stimmt wohl das Bild so ziemlich. Jedenfalls ist es staunenswert, daß Klages das Alles herauslesen konnte! Man kommt sich so verflucht ausgezogen vor. Haben Sie auch schon mal solchen Waschzettel gekriegt?

Meine Pensionierung ist leider wieder aufgeschoben worden. Ich hoffe aber, bestimmt am 1. Oktober gehen zu dürfen, und wenn ich es

---

71   1. Sonntag nach Ostern.
72   Ludwig Klages, Hannover 10. Dez. 1872– 29. Juli 1956 Kilchberg, Philosoph, Psychologe, Begründer der ausdruckswissenschaftlichen Graphologie. Vgl. Friedbert Holz: Klages, Ludwig. *NDB* 11.977, S. 700–702.

mit einem Attest vom Kreistierarzt versuchen müßte. Unser Kirche ist ein derartiges Fricassee, daß einem der Appetit vergehen kann.
Mit herzlichem Gruß von Haus zu Haus und in steter Dankbarkeit und Verehrung der Ihrige
Dr. Kurth

43
Dr. Kurth
Berlin-Weissensee, Berliner Allee 85
Fernruf: E6 3285

30. Januar 1935 [d.i. 1936]
Hochverehrter lieber Freund!
Ich fühle mich tief in Ihrer Schuld! Schon vor Wochen sandten Sie mir die prachtvoll gedruckten «Edda-Gesänge»[73], und nun ließen Sie mir auf den Weihnachtstisch die famose «Olympiade» legen, deren Manuskript ich bereits mit großem Vergnügen gelesen hatte. Haben Sie vielen herzlichen Dank! Unsre Freunde haben erst gestern wieder einige «zwerchfellerschütternde» Proben «deutscher Verse» und Ihrer vernichtenden Urteile vorgesetzt erhalten. Die Schrift wird noch Vielen Heiterkeit bereiten. Mir summte sie einen tragischen Unterton: So albern, arrogant, frech dumm hätte ich mir niemals die εἰλίποδας ἕλικας βοῦς[74] vorgestellt, die sich vorlügen, Dichter zu sein! Und sonst? Der «Kreis um Stefan George»? Wenn so ein schwülstiger Nichtkönner als Messias gilt, dann kann die deutsche Muse im nächsten Sargmagazin ein Geschäft tätigen! Ich wäre sehr begierig zu erfahren, auf welche Weise Sie bei der Lektüre dieser Kleinodien Ihren Brechreiz besänftigt haben! Cognac?
   Da ich so lange nicht schrieb, hat einen guten Grund: Ich bin seit dem 1. Oktober (Gott sei Dank!) im Ruhestand. Das Konsistorium wollte mich bis zu meinem 70. Lebensjahre als ertragreiche Kalkgrube festhalten, aber der Kreisarzt hatte Erbarmen und stellte mir ein so famoses Krankheitsattest aus (so ziemlich alles, außer etwa Kind-

---

73   Edda-Gesänge. Literarische Beilage der *Zeitschrift für Bücherfreunde* 39. 1935:7. 8 Bl.
74   Vgl. Homer: *Ilias* I (= 9. Gesang), 462 *schwerwandelndes Hornvieh*.

bettfieber!), daß man mich im 65. Lebensjahre los lassen mußte. Ich bin überglücklich! Aber der Umzug war mit meinen vielen Sammlungen sehr kompliziert, und ich bin mit dem Ordnen noch heut nicht fertig. Wir haben hier eine schöne große Wohnung dicht an dem prachtvollen Stadtpark. Hohenschönhausen mit meinen Kindern und Freunden ist mit dem Omnibus in 5 Minuten zu erreichen, und nach dem Zentrum von Berlin fahren ununterbrochen Straßenbahnen.

Sie können Sich denken, daß ich im ersten Chaos des Umzuges keine Sammlung zum Briefschreiben fand. Jetzt, da das Fest ausklingt, raffe ich mich zum ersten male dazu auf. Nun sollen auch wieder Kunst und Wissenschaft das Zepter ergreifen, die bei der unerträglichen amtlichen Überlastung seit 5 Jahren zu kurz gekommen sind.

Wolfram macht augenblicklich nach vortrefflich abgelegtem Staatsexamen seinen Doctor med. und wird zum 1. April an dem großen Martin-Luther-Krankenhaus etatmäßig angestellt.

Ich würde Sie gern wiedersehen! Von Apelern-Remeringhausen habe ich durch meine eigene Schuld lange keine Nachricht. Ich hätte längst schreiben müssen!
Mit herzlichen Wünschen für ein reich gesegnetes neues Jahr und treuen Grüßen von Haus zu Schloß in dankbarer Verehrung Ihr
JK

44
Dr. Kurth
Berlin-Weissensee, Berliner Allee 85   28. Mai 1936
Fernruf: E6 3285

Lieber, hochverehrter Freund!
Ihre gütige Sendung konnte für mich zu keinem freundlicheren Stunde eintreffen: Sie erreichte mich am Morgen meines 66. Geburtstages. haben Sie tausend Dank! Soviel ich weiß, besitzt die Universität Göttingen das Archiv Ihrer Dichtungen und ich besitze (mit Stolz) das Archiv Ihrer Prosaschriften. Es ist wirklich nicht nur Sammlerfreude, wenn ich sehe, wie es wächst und wächst! Ich sollte «keinen Platz

mehr für Manuskripte» haben? Ja, wofür denn eigentlich? Oder packt
Ihr φίλον ἦτωρ eine späte Reue, so viele Schätze an mich ver-
schwendet zu haben? «Dös giebt's net!» Ich poche bereits auf ein
Gewohnheitsrecht!

Ich habe schon eine ganze Anzahl der Schriften gelesen. Ihre
Annalen, die ich seit Jahren erhalte, haben mich diesmal tief erschüttert. Gewiß wir Alten werden einsam, und je höhre Gipfel wir er-
klimmen, desto eisiger wird die Luft. Aber Ihre geistigen Kinder ver-
binden Sie nicht nur mit der Mitwelt, sondern auch mit der Nachwelt!
Sie selbst sind als dauernder Bestandteil allen beiden eingefügt, und
das muß Ihr Einsamkeitsbewußtsein lindern. Ich weiß, daß Sie einen
großen Teil Ihrer eigenen Schöpfungen darangeben würden, wenn
zwei Augen noch leuchteten. Das ist menschlich, aber falsch! Wir
haben unser anvertrautes Gut zum Wucher für unsere Umwelt
erhalten. Es gehört uns gar nicht, sondern den andern. Goethes Sohn
starb vor dem Vater: Hielten Sie es für richtig, wenn er seinen «Faust»
dem Schicksal «als Polykratesopfer»[75] für seinen Sohn angeboten
hätte? .... Genug! Sie wissen, wie ich's meine, da Sie mich «einen
Ihrer freundlichsten Kenner» nennen.

Ihre Arbeiten zeigen unveränderte Kraft, den alten Weitblick, den
alten grimmigen Humor, die prachtvolle, uns so köstliche Gebelaune.
Gott erhalte Sie weiter frisch! – Ich fühle mich im Ruhestande
unbändig wohl und habe bis jetzt so ziemlich gefaullenzt. Die Tran-
funzel meines etwas kalkigen Genius scheint aber doch noch einigen
Nahrungsstoff zu haben, wenn sie auch (wie Sie mit Recht bemerken)
bereits erklecklich «kohlt». Ich gehe jetzt, um mich von meiner
Erholung zu erholen, auf ein paar Wochen zu einem Freunde, aber ich
hoffe, einige Beute einzuheimsen, ganz abgesehen davon, daß jener
Ort der Niederlausitz eine wahre Schatzkammer für Tertiärfossilien
ist.

Ich sähe Sie gern wieder!

Mit besten Grüßen von Haus zu Haus der Ihrige

JK

---

75   Vgl. Schillers Ballade «Der Ring des Polykrates».

45
Dr. Kurth
Berlin-Weissensee, Berliner Allee 85
Fernruf: E6 3285

24. Januar 1938

Hochverehrter lieber Herr Baron!
Die freundliche Zusendung des Sonderdruckes aus Ihrer Familiengeschichte[76] hat mich herzlich erfreut und der Text uns alle außerordentlich gefesselt. Haben Sie schönsten Dank!

Aber Sie kennen sicher die Geschichte des blinden Abdallah aus
den 1001 Nächten, der dem gütigen Derwisch ein Kamel nach dem
andern abluchst: Ich lese die Zahl «2.» auf dem Titelblatt. Ist auch
eine «1» gedruckt?
Mit besten Grüßen von Haus zu Haus verehrungsvoll der Ihrige
Dr. Kurth

46
Dr. Kurth
Berlin-Weissensee, Berliner Allee 85
Fernruf: E6 3285

23. April 1938

Hochverehrter lieber Herr Baron!
Ich sage Ihnen für Ihre gütige Sendung meinen allerbesten Dank. Sie
hat mir große Freude, aber auch manches Betrübende gebracht. Ich
wollte erst antworten, wenn ich alles gelesen hatte, darum schreibe ich
erst heut.

Betrübt hat mich, daß Sie die kritische Feder (hoffentlich nicht
auch das Plektron!) ruhen lassen wollen, daß Sie die Ihnen gewiß lieb
gewordenen Vortragsreisen aufgeben wollen. Die Beliebtheit hat Flut
und Ebbe, das hat sogar Goethe erfahren, und nicht jedem, wohl nur
den wenigsten Menschen ist das Geschick Jean Pauls gegönnt. Zur

---

76   *Arbeiten zur Familiengeschichte der Freiherren von Münchhausen.* H. 2.
     Berlin 31. Dez. 1937. 250 Exe.

Resignation (vergeben Sie das Fremdwort, aber Schiller gebraucht es auch dichterisch) sind Sie noch viel zu jung. Gerade Ihre unbeirrte Art, die rasche Festigkeit, mit der Sie Wunden in der Kunst und Sitte zukneifen, tut uns allen noch lange not, und das «vielleicht zum letzten Male» giebt mir einen gewissen Trost. Ich weiß, mit welcher Begeisterung die Verehrer Ihrer Dichtkunst an Ihnen hangen, und neulich deklamierte sogar ein emeritierter Pfarrer von 86 Jahren Ihren ganzen «Diocletian»! («sogar» für den Uralten, und «sogar» für den «Diocletian»). Ich halte mich für ziemlich belesen; nach meinem Geschmacksurteil steht nur eine einzige deutsche Ballade höher, als die Ihrige, das ist Bürgers «Lenore». Der größte deutsche Balladen-dichter aber sind Sie, wie denn Goethes «Faust» über Shakespeares Dramen steht, und der Brite doch der größte Dramatiker aller Zeiten ist. Halten Sie das nicht für «stalleimerweise», Sie müßten es genau so gut wissen, wie ich. Und wenn sich Mirza-Schaffy-Bodenstedt[77] gründlich in dem Glauben irrte, daß der Duft der Rose in seinen Liedern ein ewiges Leben habe, so irren Sie nicht, wenn Sie überzeugt sind, daß Ihre Balladen ebenso lange ertönen werden, wie die besten deutschen Dichtungen. «Post nubila Phoebus!»

Betrübt hat mich auch, was Sie von der Leidensgeschichte Ihres so durchaus vornehmen, und doch so durchaus widerstandslosen Herrn Bruders schreiben. Ich sehe dies Trauerspiel seit Jahren; es ist der Grund, weshalb ich nicht mehr nach R[emeringhausen]. und A[pe-lern]. schreibe. Einerseits ist es mir nicht möglich, immer wieder die Maske des Nicht-Wissen-Wollens vorzubinden, anderseits ergrimmt mich jede Not, bei der ich machtlos bin. (Sie werden das für einen bedenklichen Wesenszug halten, aber es geht mir darin vielleicht wie den Kindern.) Ich kenne die Geschichte dieser seltsamen Ehe teils von Ihnen, teils vonseiten der Kontrahentin und habe mir aus den sehr

---

77   Friedrich von Bodenstedt, Peine 22. April 1819–18. April 1892 Wiesbaden,
      Schriftsteller. Nach dem Studium in Göttingen ging er als Lehrer nach
      Moskau und Tiflis, wo er mit dem Dichter Mirza Ṣafi (1794–1852) verkehrte.
      1854 wurde er Professor für Slawistik in München, 1867 Intendant des
      Meininger Hoftheaters. Seine *Lieder des Mirza Schaffy* (1851) waren ein
      großer Erfolg. Vgl. Eduard Stemplinger: Bodenstedt, Friedrich Martin von.
      NDB 2.1955, S. 355–356.

gegensätzlichen Darstellungen doch ein ziemlich klares Bild machen
können. Wird sich nicht alles etwas mildern, wenn gewisse Stufen-
jahre überschritten sind? Eine neue medizinische Richtung nimmt sie
ja sogar beim Manne an! Das könnte auch manches in der Eigenart
Ihres Herrn Bruders erklären.

Die Schilderung der Gefechte um das Olympiapreisgedicht hat
mich sehr gefesselt, und ich bin stolz darauf, auch ein Stück dieser
seltenen Veröffentlichung[78] zu besitzen. Es hat in Freundeskreisen
schon ungemessene Heiterkeit erregt; ich gebe es aber nicht aus den
Händen. –

Ihr Brief an die Kaiserin Hermine[79] hat in mir verwandte Seiten
berührt. Seit mehr als einem Jahrzehnt stehe ich mit ihr in Verbindung, meine Frau und ich sind wiederholt ihre Gäste im alten Berliner
Palais gewesen, und ich habe von ihr schon manches hübsche Ge-
schenk erhalten. Auch der Kaiser schreibt sehr gütig, seinen schönsten
Brief erhielt ich an meinem 60. Geburtstage, und er hat mir eine ganze
Anzahl von Büchern geschenkt.

Die Briefe an Agnes Miegel[80] haben mir viele neue Gesichtspunkte
erschlossen. Ich muß aber das Geständnis ablegen, daß ihre Dichtungen mich wenig bewegen. Das wird ein Bildungsmangel sein, aber
«ultra posse nemo obligatur». Ich vermisse (für mich!) das Zündende
.... ein alter trockener Ast brennt vielleicht gern. Natürlich ist das für
Sie als einen Fachmann ein unreifes Stammeln, aber die rein literarische Wertung eines Gedichtes läuft der gefühlsmäßigen oft
zuwider. («Stell auf den Tisch ....» Daß Ihnen aber der einzig denk-
bare Sinn dieses Gedichtes nicht unzweifelhaft ist, nimmt mich
Wunder.)

---

78   *Das Weihelied der Elften Olympiade.* Leipzig: Privatdruck 1935. 43 S. 300
     Exe.
79   «Kaiserin» Hermine (Prinzessin Reuß ältere Linie), Greiz 17. Dez. 1887–7.
     Aug. 1947 Frankfurt/O., war mit Johann Georg von Schönaich-Carolath
     (1873–1920) verheiratet. 1922 heiratete sie den ebenfalls verwitweten Kaiser
     Wilhelm II.
80   Agnes Miegel, Königsberg 9. März 1879–26. Okt. 1964 Bad Salzuflen, Jour-
     nalistin und Schriftstellerin, ostpreußische Heimatdichterin, Nationalsozia-
     listin. Vgl. Annelise Raub: Miegel, Agnes. *NDB* 17.1994, S. 471–473.

Ad vocem «Einfühlen»: Ich komme noch einmal auf unser altes
Kriegsbeil:

«◡–◡–◡, welches die Schönheit ist.»

Jetzt weiß ich, was mich stößt. Die ersten beide Verse des Alcäus
gleichen einer rhythmischen Welle:

Die Klimax liegt im 3. Fuße: «Odi profanum volgus et arceo»[81],
«Favete linguis, carmina non prius.»[82] «Reges in ipsos imperium est
Jovis.»[83] «Est, ut viro vir latius ordinet.» «Arbusta sulcis, hic gene-
rosior»[84] etc. etc. Für die höchste Schwellung der Welle scheint mir
das «welches» zu schwach. Wenn es z.B. heißen könnte: «Weil es die
Schönheit ist», so läge mir's besser. Das schreibe ich aber nicht, um
Sie zu korrigieren (Beethoven: «Das wäre, als ob die Sau die Minerva
korrigieren wollte»), sondern um mich zu rechtfertigen.

Auf die Entwicklung der Dichterakademie bin ich gespannt.Mein
beschränkter Kopf kann sich nicht darein finden, daß die Tendenz
über der Kunst, der Inhalt über der Form stehen soll. Und unter den
«Offenbarungen» der Jungen erregt manches meinen Grimm, wenn
die Rhythmen holpern oder die Reime bedenklich sind, manches
allerdings auch meine Heiterkeit. – Welchen Born des Genusses läßt
doch eine lächelnde Gottheit aus der unfreiwilligen Komik heraus-
sprudeln! Wenn ich einmal verstimmt bin, was selten vorkommt, dann
greife ich nach Friederike Kempners[85] unsterblichen Dichtungen, und

---

81   Horaz: *Carmina*, 3, 1, 1. *Ich hasse das gemeine Volk und halte es fern.*
82   Horaz: *Carmina* 3, 1, 2. *Hütet eure Zungen. Ein nimmer vernommenes Lied ...*
83   Horaz: *Carmina* 3, 1, 6. *Ihn selbst, den König, bändigt Jovis Macht.*
84   Horaz: *Carmina* 3, 1, 9–10. *Es ist so, daß der eine (Mann) über weitere
     Strecken hin als ein anderer die Baumpflanzungen durch Furchen ordnet,
     dass dieser von höherem Adel ...*
85   Friederike Kempner, Opatow 25. Juni 1828–23. Febr. 1904 Gut Friederiken-
     hof b. Reichthal, Schriftstellerin, Sozialreformerin und Lyrikerin; der «schle-
     sische Schwan» galt als Muster unfreiwilliger Komik. Vgl. Peter Hai-
     da: Kempner, Friederike. *NDB* 11.1977, S. 489–490.

die Wolken zerstieben. (Ich bin sogar Ketzer genug, mich an bestimmten Versen unsers großen Schiller zu erheitern, wenn sie ihm auch bitter ernst waren, z.B. «Fordert keine andre Liebe, Denn es macht mir Schmerz», oder: «Und so saß er eine Leiche Eines Morgens da», oder: «Dies Kind, kein Engel ist so schön». Ich brauche kaum zu sagen, was mir in dieser Beziehung «stefan george» ist!)

Über Ihre schönen Reisen habe ich mich herzlich gefreut. Auch ich habe im vergangenen Jahr Glück gehabt. Ich, der ich in Kairo, Jerusalem, Algier, Tunis, London, Edinburgh, Athen, Konstantinopel und dreimal längere Zeit in Italien war, kannte von unserm Rhein fast nur Mainz und Rüdesheim!! Diese häßliche Lücke durfte ich füllen. Der Generaldirektor eines großen Eisenwerkes in Neuenkirchen, Saargebiet, lud mich ein, seine Japansammlung zu katalogisieren. Ich rechnete auf höchsten zwei Wochen --- es wurden mehr als vier, und wenn es nach ihm gegangen wäre, wäre ich vor einem Vierteljahr nicht heimgekommen. So fuhr ich in leuchtenden Frühlingstagen in prachtvollem Mercedes wiederholt den Rhein (bis Düsseldorf) hinab und hinauf, lernte die Mosel (bis Trier) und die Saar (bis zur französischen Grenze) kennen, kam auch nach Frankfurt a.M. und meiner alma mater Heidelberg. Es waren olympische, halkyonische Tage, dazu die königlichen Weine, besonders gute Jahrgänge des Dürkheimer Feuerberges!

Und so bin ich auf Ihren Wunsch bei mir. Ich genieße mein otium cum dignitate so schön, wie ich es nie gedacht habe. Fern von der erdrückenden Amtslast (allerdings werde ich öfter von alten Freunden zu Amtshandlungen geholt), von den Kirchenkämpfen. Mein einziger Dämpfer ist der Schnupfen, aber der ist mein treuer Freund seit Michaelis 1889. Ich habe eine große Christustrilogie vollendet, und meine Herzensgüte können Sie daran erkennen, daß ich sie noch niemandem vorgelesen habe. Ich habe einen großen Band Keilschriftstudien nach meinen eigenen 40 Tafeln hinter mir, jede Tafel aquarelliert, nachgezeichnet und auf's genaueste kommentiert. Ich habe

die Dresdener Maya-Handschrift[86] und mehrere mexikanische Handschriften teilweise kopiert – es sind über 60 Tafeln geworden. Ich
habe an der Geschichte meiner alten Familie gearbeitet. Ich habe altes
Geschmeide in Wasserfarben dargestellt. Ich habe Dutzende von Liedern verübt und Rosen gemalt, Bildnisse gemalt ... Sie sehen, an langer Weile kranke ich nicht, und mit den Bildern mache ich vielen eine
Freude. Die Verse behalte ich für mich, statte sie aber in der Ihnen
bekannten Art malerisch aus.

Wir feiern manches heitere Fest, Weihnachten und der Geburtstag
meiner Frau waren wieder köstlich, unsre alten Freunde sorgten für
überladene Gabentische.

Meine Kinder: Mein älterer Sohn hat seinen üblichen Beruf. Mein
jüngerer, das «liebe Kind», das Sie damals in Windischleuba genossen
haben, hat das Glück gehabt, daß seine Doktorarbeit auf Staatskosten
gedruckt wurde (er hat das Examen mit Ia bestanden), und er zum
Assistenzarzt an der Charité bei Bonnhöfer[87] hinaufrückte, obgleich er
erst 29 Jahre alt ist. Er hat die Tochter eines Juweliers geheiratet (ich
danke seinem Schwiegervater sehr schöne Edelsteine meiner Mine-
raliensammlung) und ist seit dem 17. August des vorigen Jahres Vater
einer jungen Dame, der elterliche Verrücktheit den blödsinnigen Namen «Regina» gegeben hat. Dieses Kind ist meine Herrin. Sie hat
tiefblaue Augen und weißblondes Haar, jauchzt viel öfter vor Lebensfreude als daß sie weint, und gilt einerseits als bildschön, anderseits,
weil sie jeden staunend anglotzt, als unermeßlich klug. Ich überlege,
ob ich mir meinen Ziegenbart rasieren lassen soll, weil sie sich mit
Vorliebe kräftig darin verkrallt. Zwei Klappern hat sie bereits ins
Jenseits befördert, was jedesmal zum Vorschein kam, wenn sie auf
der von ihr geschaffenen Unterlage von spitzen Klappersteinen er-

---

86   Der Codex Dresdensis wurde 1739 für die damals Kurfürstliche Bibliothek in
      Dresden erworben. Vgl. Nikolai Grube: *Der Dresdner Maya-Kalender: Der
      vollständige Codex*. Freiburg: Herder, 2012. 222 S.
87   Karl Bonhöffer, Neresheim 31. März 1868–4. Dez. 1948 Berlin, Neurologe
      und Psychiater, Ordinarius an der Universität Berlin, Vater des als Wider-
      standskämpfer 1945 hingerichteten Dietrich Bonhöffer. Vgl. Uwe Gerrens:
      Karl Bonhoeffer. In: *Württembergische Biographien*. Hrsg. v. Maria Magda-
      lena Rückert. Band 1. 2006. S. 26–29.

zürnt wurde. Ihr Vater verarztet seine Klinik, giebt ein Buch heraus, schreibt zahlreiche Zeitungsartikel unter dem Decknamen «Dr. Lykos» und hat soeben die Dissertation für seinen 2. Doctor (phil.) vollendet. Allerdings greift ihn das an, und wir versuchen seinen Arbeitsdrang einzudämmen.

Dieser Brief ist in meinem Lebenswerke eine Seltenheit. Ich habe seit Jahrzehnten nicht so lange Briefe verübt. Hoffentlich hat er Ihre Geduld nicht ermüdet.

Mit herzlichen Grüßen von Haus zu Haus, in unveränderter Liebe und Verehrung Ihr

JK

47

Des Kaisers Trösteinsamkeit
Ein Akrostichon an den Kaiser zum 27. Januar 1940

«Wie geht's dem Kaiser? Drückt der Jahre Last
Den Einsamen nicht schon zu Boden fast?
Hat sich der Adler, der den Fels ersehnt,
In der Verbannung Nebelland gewöhnt?» –

Ihr irrt! Ihm gab der Herr, an den er glaubt,
Gar wunderbare Kraft in Herz und Haupt,
Er sieht dem Alter ruhig ins Gesicht,
Und einsam? Einsam ist der Kaiser nicht!

Licht ist um ihn. Ihm schenkt den wärmsten Strahl
Des holden Lichts sein hohes Ehgemahl.
Die sich in ernster und in schwerer Zeit
Zu seiner Tage Hüterin geweiht.

Heißt einsam er, wenn Tausende für ihn
In Ehrfurcht und in Dankbarkeit erglüh'n?
«Es stürmt die Zeit, sie bringe, was es sei:
Gott schütze unsern Kaiser, dem wir treu!» –

Er ist nicht einsam! Eine Flügelkraft
Gab seinem hellen Geist die Wissenschaft,
Die alter Reiche Herrlichkeit erschloß
Und ihn umkränzt mit frischem Lorbeersproß.

Lang' schürft er wohl in des Vergangnen Schacht,
Und was voll Weisheit er zutag gebracht,
Es ward im Labyrinth ein Führerstab,
Den seine Feder seiner Mitwelt gab.

Mit seiner Zeit er schreitet rüstig mit
Und prüft den Lauf der Tage Schritt für Schritt –
Am tiefsten aber ihn sein Volk bewegt,
Das betend er auf seiner Seele trägt.

JK

Des Kaisers Antwort

«Herzlichsten Dank für Ihr kunstvoll zu Papier gebrachtes[88] Akrostichon. Ich erwartete schon mit Freude Ihre allmählich traditionell
gewordene Geburtstagsüberraschung. Jedes Wort, das Sie sagen, trifft
den Nagel auf den Kopf. – Der Herr ist meine Stärke. Er führte die
Kaiserin Mir in schwerer Zeit zu. Und im einsamer werdenden Alter
empfinde ich als schönsten Trost, Meine Kraft Werken einverleibt zu
haben, die nicht mit altern. –
Nochmals warmen Dank und Gott befohlen! – Umstehend Mein Bild
mit Meinem Urenkel, dem Prinzen Friedrich Wilhelm.

Doorn, 31.1.40 (gez.) Wilhelm I. R.

Dem Pfarrer em. Herrn Dr. Julius Kurth Berlin-Weissensee.»

(Der Brief steht auf der Rückseite des bezeichneten Lichtbildes.)

---

88   Ich hatte die Verse mit gotischen Initialen geschmückt. [JK]

48

Dr. Kurth
Berlin-Weissensee, Berliner Allee 85   7. März 1940
Fernruf: E6 3285

Hochverehrter lieber Herr Baron!
«Diffugere nives»[89], sie strengen sich wenigstens an; meine Tinte ist aufgetaut und meine Hände beginnen, sich vom Ultramarin der arktischen Hitzegrade durch eine Art von Violett zu dem üblichen Rot der gemäßigten Zone zu entwickeln. Daß mir jedesmal noch kälter wurde, wenn ich daran dachte, wie Sie in Windischleuba ganze Urwälder zum Einheizen haben, brauche ich kaum zu bemerken. Es ist ein Segen der Götter, daß ich nicht mehr im Pfarramte bin, denn die Strafen des Höllenfeuers, die ich meinen Bauern bei dieser Bärenkälte vormalen würde, dürften den Edlen eher dazu dienen, sie den geheizten Rachen S. Infernalischen Majestät äußerst sympathisch empfinden zu lassen.

Aber die jetzt erreichten 18° Celsius (ich kann nur mein Schlafzimmer heizen und arbeite auch dort!) schenken mir endlich die Möglichkeit, wieder Briefe zu verüben, und ich gebe Ihnen die heilige Versicherung, daß Sie der erste sind, dem ich seit Februar schreibe.

Zuerst tausend Dank für die wundervolle Manuskriptsendung! Sie ist mir und den Meinen jedesmal ein Fest. Am stolzesten bin ich auf den Besitz des famosen «Weiheliedes». Daß der Vortrag «Über das Sprechen von Gedichten» einen Münchhausenverehrer ganz besonders reizen muß, ist selbstverständlich. Die «Kissinger Novelle» hat mir viel zu denken gegeben. Es ist die zweite Novelle, die ich von Ihnen besitze, eine dritte ist ein Torso geblieben. das «Pferd» fordert zu Ergänzungen auf, ich habe aber noch keine gefunden. Zu «Strang»: Christian Felix Weiße[90] schreibt: «Über die Strenge schlagen.» !!!

---

89   Horaz, *Carmina*, IV,7 *Der Schnee hat sich aufgelöst.*
90   Christian Felix Weiße, Annaberg 28. Jan. 1728–16. Dez. 1804 Stötteritz, Dichter und Pädagoge; 1775–1782 gab er die Zeitschrift *Der Kinderfreund* heraus, wohl die erste ihrer Art in Deutschland. Vgl. Jakob Minor: Weiße, Christian Felix. *ADB* 41.1896, S. 587–590.

Am meisten fesselte mich natürlich Ihr Jahrbuch 1938/39. Aber ich finde diesmal nichts über die Apelerner und bin auch selbst von dort seit Jahr und Tag ohne jede Nachricht.

Mein Sohn Wolfram dankt herzlich für Ihre teilnahmsvollen Worte. Er ist völlig wiederhergestellt, jetzt etatsmäßiger Assistent und Facharzt an der Charité und schreibt Bücher und Aufsätze, wie eine Mitrailleuse. Vererbung! Sein Chef, Prof. de Crinis[91], hat ihn bei der oberen Heeresleitung reklamiert. Ob für die Dauer, ist fraglich. Mein Ältester ist wegen eines Gehörleidens D.U. [= dienstunfähig]

Ich finde Ihre Bronzebüste ausgezeichnet. Es ist ja viel schwerer, in Bronze zu treffen, als in Marmor, da das Metall zu viel Spiegelflächen hat. Das «Animalische» sehe ich fast nur im Ohr; der Augenausdruck ist vortrefflich. Ich arbeite seit Monaten über meine ägyptische Sammlung. Ich stelle einen Katalog mit möglichst naturgroßen farbigen Abbildungen her und habe schon c. 50 Tafeln vollendet. Seltsamerweise habe ich trotz der grimmigen Kälte den Pinsel führen können, die Feder nur mit Schwierigkeit.

Vom Alter spüre ich wenig, obgleich ich fast 70 Jahre bin. Im Gegenteil: Ich fühle mich viel frischer, als vor 5 Jahren, wo ich amtlich bis zum Zusammenbrechen überlastet war. Damals habe ich Kunst und Wissenschaft völlig liegen lassen müssen, jetzt sind sie mir eine derartige Götterkost, daß ich meine Umwelt vergesse.

Meine Enkelin macht mir viel Spaß. Ich komme mir wie eine Bernhardinerhündin vor, die einen Dackel gelegt haben soll. Und das Merkwürdigste: Die junge Dame erzieht uns alle, und wir nehmen ihr das nicht einmal übel. Mit der Grammatik hat sie kein erquickliches

---

91   Max de Crinis, Ehrenhausen 29. Mai 1889–2. Mai 1945 Stahnsdorf (Suizid),
      Psychiater, 1938 Nachfolger von Karl Bonhöffer als Ordinarius an der Universität Berlin. Nach dem Studium wurde er 1927 Ordinarius in Graz, 1934 in
      Köln, gegen den Widerstand der Fakultät, ebenso 1938 in Berlin. Crinis trat
      mehr als einflußreicher Nationalsozialist und als graue Eminenz des NS-Euthanasieprogramms denn durch medizinisch-wissenschaftliche Leistungen
      hervor. Vgl. Hinrich Jasper: *Maximinian de Crinis (1889–1945). Eine Studie
      zur Psychiatrie im Nationalsozialismus.* Husum: Matthiesen 1991. 167 S.
      (Abhandlungen zur Geschichte der Medizin und der Naturwissenschaften.
      63.)

Verhältnis, und der größte Tag ihres Lebens (ich wenigstens halte ihn dafür!), an dem sie zum erstenmale «ich» sagt, ist noch nicht gekommen. Danken Sie Ihren Göttern, daß Sie nicht malen! Ich empfinde dies Talent oftmals als ein Danaergeschenk, denn wenn meine Enkelin befiehlt: «Opapa, malle! malle!», dann muß ich arbeiten und Tiere zeichnen, über die sich der selige Brehm im Grabe umdrehen würde.

Ich wollte Ihnen gern eine Gegengabe machen, aber ich habe ja eigentlich nichts. Vielleicht interessiert Sie beigefügtes Blatt: mein Gedicht zum diesjährigen Geburtstage des Kaisers und seine Antwort. Ich bemerke dazu, daß er mir seit Jahren alle möglichen Schriften schenkt, auch seine eigenen, sehr ernst zu nehmenden wissenschaftlichen Arbeiten.

Warum geben Sie eigentlich Ihre längst verheißene Arbeit über den Lügen-Münchhausen[92] nicht heraus? Daß Sie nicht mehr publizieren mögen, ist ewig schade! Aber schreiben müssen Sie doch, das geht uns allen so, wenn wir einmal Druckerschwärze geleckt haben.

Aber die Litteratur ist auf dem Hund! Giebt es keine vernünftigen Lyriker mehr?
Und nun übergenug!
Mit herzlichen Grüßen und in dankbarer Verehrung Ihr
JK

49
Dr. Kurth
Berlin-Weissensee, Berliner Allee 85   19.I.1941
Fernruf: E6 3285

Hochverehrter lieber Freund!
Ich wollte Ihnen für Ihren lieben Brief und die wertvolle ihn begleitende Sendung nicht eher meinen herzlichsten Dank sagen, bis ich

---

92   Hieronymus Carl Friedrich von Münchhausen, Bodenwerder 11. Mai 1720–
      22. Febr. 1797 Bodenwerder, Landedelmann; die ihm zugeschriebenen Ge-
      schichten wurden durch Veröffentlichungen von Rudolf Erich Raspe (eng-
      lisch) und Gottfried August Bürger weltbekannt. Vgl. Doris Bachmann-
      Medick: Münchhausen, Hieronymus Freiherr von. *NDB* 18.1997, S. 524–525.

alles gelesen hatte.

Zuerst zu Ihrem neuen schmerzlichen Verlust![93] Es hat auch mich
tief bewegt, weil ich Sie lieb habe. Ich begreife das «Nicht-mehr-
leiden-Können» vollständig. Sie machen den alten Homer wahr: τετ-
λαθι δη κραδιη, και κυντερον ἄλλο ποτ᾽ἔτης.[94] Und daß auf den
Lavabrocken der Vergangenheit keine Blume mehr blühen soll, auch
keine, über die wir weinen müßten, ist das Geschick unsrer alten
Jahre. Es war doch wundervoll, daß man sich in jüngeren Zeiten,
wenn es keiner hörte, von Herzen ausheulen konnte! Was aber gerade
Ihnen einen stählernen Trost geben kann, ist das «non omnis mo-
riar!»[95] Ihre unsterblichen Kinder und Enkel sind Ihre Dichtungen. –

Gewiß bemitleide ich den fahrenden Sänger von 67 Jahren bei seinem Gepäckschleppen und negativ geheizten Herbergen .... aber daß
er noch immer fährt und verkündet und die Widerwärtigkeiten nieder-
zwingt, ist doch ein Zeichen, daß er im Grunde dem Alter ein
Schnippchen schlägt. Wer noch arbeiten kann und will, bleibt im
Grunde jung. Ich rechne mich wenigstens zu dieser Menschenschat-
tierung.

Ihre neuen «Meisterballaden» habe ich mit Freude und Dank
gelesen. Die neue, wesentlich korpulentere Ausgabe hat durchaus gewonnen, und daß Sie den Hebräer Heinrich Heine in den Papierkorb
geworfen haben[96], ging mir sehr angenehm ein. Er ist mir, solange ich
ein Urteil besitze, immer höchst widerwärtig gewesen. – Mit Ihrer
geradezu lapidaren Entrüstung über Gedichtparodien komme ich nicht
ganz mit. Einmal haben Sie sich selbst ganz köstlich parodiert (in dem
famosen «Loch im Strumpf»), und zum zweiten sind Sie kein berliner
Kind, wie ich. Ich kann Edwin Bormanns[97] Erlkönig heiter genießen

---

93   Nicht identifiziert.
94   Homer, *Odyssee* 20:18 *Fasse dich in Geduld, o Herz! Hast du doch noch
      Hündischeres einst erduldet* (Stolberg).
95   Horaz: *Carmina* III, xxx. *Ich werde nicht ganz sterben.*
96   Noch 1934 äußerte Münchhausen: «eine Seite Prosa Heinrich Heines ist
      schöner als hundert Seiten von Adolf Bartels [des völkischen Literatur-
      historikers und Antisemiten]» (vgl. Gans, 329, Anm. 19).
97   Bormann, Leipzig 14. April 1851–3. Mai 1912 Leipzig, Schriftsteller, Mitar-
      beiter der *Fliegenden Blätter*, sächsischer Heimatdichter. Vgl. Adolph Kohut:

(es ist doch eine Meisterparodie!), wenn ich aber Schuberts Erlkönig gut vorgetragen höre, da vergesse ich das sächselnde Untier vollständig und werde nur von dem Schauer der Goetheschen Ballade durchschüttert. – Ad vocem «Heideröslein»! Es ist ja gar nicht von Goethe, sondern findet sich vor ihm schon als Volkslied (ich glaube, auch in des «Knaben Wunderhorn») nur die beiden letzten abscheulichen Verse: «Aber er vergaß danach im Genuß das Leiden» hat er märchenschön geändert. – «Iphigenia, du Jierpansch» (S. 215) stammt vom alten Glaßbrenner[98] «Humor im berliner Volkleben», und lautet dort (I, S. 51): «Iphigenia, Jierpansch, wirste jleich Ludwichen det Stück Semmel wiederjeben!» – Luther (S. 141) haben Sie durch die Zusammenstellung mit Hans Sachs Unrecht getan. Luther qualitierte nicht, wie wir Deutschen, sondern quantitierte, wie die Griechen (– und Franzosen!). Z.B.

«Gelobt seist Du, Jesus Christ,   ∪ – ∪ – ∪ – ∪ –
Daß Du Mensch geboren bist»   – – – ∪ – ∪ –!

Und das geht völlig konsequent durch die ganze wunderbare Dichtung.

«Der alt böse Feind,   ∪ – – ∪ –
Mit Ernst ers jetzt meint,   ∪ – – ∪ –
Groß Macht und viel List   ∪ – ∪ – –
Sein grausam Rüstung ist.»   ∪ – ∪ – ∪ –

Ich vermute, daß diese Entdeckung von mir stammt, und arbeite seit langer Zeit daran. Luther war sogar unbewußt griechischer Rhythmiker. Das erste deutsche Distichon stammt von ihm:

«Alle gute Gabe und alle vollkommene Gabe
Kommt von oben herab, von dem Vater des Lichts.» (Jak. 1.17)

Sächsische Humoristen unserer Zeit, 1: Edwin Bormann. In: *Der Leipziger. Illustrierte Wochenschrift*, Bd. 2.1907, 1173–1174.

98   Adolf Glaßbrenner, Berlin 27. März 1810–25. Sept. 1876 Berlin, Satiriker und Journalist, 1850 des Landes verwiesen. Vgl. Wilmont Haacke: Glaßbrenner, George Adolf Theodor. *NDB* 6.1964, S. 433–434.

Merkwürdigerweise klingt auch der griechische Urtext wie ein Hexameter:

πασα δοσις ἀγαθη και παν δαρημα τελειον.

Wußten Sie übrigens, daß «Ein feste Burg» in Kelchform gedichtet ist?

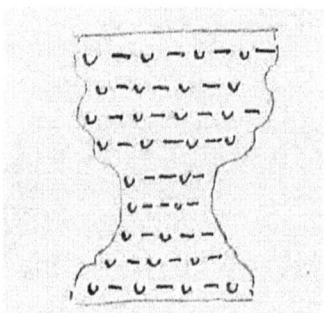

Psalm 90 ist zeilenlang trochäisch. Erst: «Herr Gott» — Dann:

‾ ∪ ‾ ∪ ‾ ∪ ‾ ∪ ‾ ‾ ∪ ‾ ∪ ‾ ∪ ‾ ∪ ‾ ∪ ‾ ∪ ‾ ∪ ‾ ∪ ‾ ∪ ‾ ‾ ∪ ‾ ∪ ‾ ∪ ‾ ∪ ‾
∪ ‾

Ich gebe nun ein paar Stichpröbchen. Der Grund, warum sich Luther so gut auswendig lernt, ist, weil er ein Rhythmiker war, wie keiner seiner Zeitgenossen.

Was Sie von der «Fröhlichen Woche» schreiben, ist mir nicht ganz verständlich. Aus dem Register Ihrer Prosawerke ersehe ich, daß ihr 14. Tausend 1935 erschienen ist. Ich hatte keine Ahnung davon. Ist es diese Ausgabe, die Sie meinen? Dann will ich sie mir sofort anschaffen. –

Nach Remeringhausen habe ich noch nicht zu schreiben vermocht. Von Remeringhausen 1 1/2 Jahr kein Lebenszeichen, – und von Haus Doorn Brief nach Brief! Ist Ihnen bekannt, daß der Kaiser mit Hitler ein Telegramm gewechselt hat? –

Ihrer hochverehrten Frau Gemahlin danke ich von Herzen für Ihre freundlichen Zeilen. Ich freue mich schon darauf, eine Abschrift der Kinderbriefe meines Neffen zu erhalten.

Und nun, liebster Freund, leben Sie wohl! Vielleicht muß ich bald in den Luftschutzkeller, denn es ist bereits 10 1/2 Uhr.
Mit tausend Grüßen von Haus zu Haus Ihr dankbarer
JK
p. t. Kellerwurm

50
Dr. Kurth
Berlin-Weissensee, Berliner Allee 85
Fernruf: E6 3285

zum 20. März 1941

Hochverehrter lieber Freund!
Zu Ihrem Geburtstage sende ich Ihnen die herzlichsten Glückwünsche, den Wunsch ungeschwächter Arbeitskraft unverblühten Humors, besonders den Wunsch, daß in Ihrem diesjährigen Kalender das Datum eines siegreichen deutschen Friedens stehen möge.

Ihren letzten Schreiben bin ich noch manche Antwort schuldig. Zunächst war es mir ein Trost, daß Sie über Parodien trotz Ihrer geharnischten Worte ähnlich denken, wie ich. Aber Kindern mit Parodien zu kommen halte auch ich für eine Roheit und zugleich für eine Gefahr: Nach meiner eigenen Erfahrung und meinen Beobachtungen an meinen Spielgefährten neigt ein Kind schon an sich zur Parodie und erquickt sich liebend gern an Wortverdrehungen. Und es gab zu meiner Zeit einen widerwärtig-blasierten Tertianertyp, der alles parodierte. Allerdings forderte das Klassikertraktieren der damaligen Zeit oft den Spott heraus, und manchmal sind die Klassiker selbst daran schuld. Es wäre mir eine wirkliche Freude, wenn z. B. Schiller seine klägliche Toggenburgdichtung nicht verübt hätte. Wie jemand daneben den wundervollen «Grafen von Habsburg» schreiben konnte, ist mir ein psychologisches Problem. Bei Goethe wäre derartiges nicht möglich gewesen.

Ad vocem «Heideröslein»: Ich zapfte meine Weisheit aus der bekannten Hempelausgabe, und schließlich bestätigt ja auch Ihre Notiz eine Anlehnung. Mir war beim «Heideröslein» und «Erlkönig» stets am wunderbarsten: Wie konnte es der Dichter möglich machen, daß man bei einer Szene der Notzucht und der Päderastie (denn das sind sie ja tatsächlich!) das Abscheuliche völlig vergißt, ja überhaupt nicht bemerkt, und nur die höchste Schönheit genießt? Ich möchte wohl wissen, wie Dehmel[99] die Stoffe behandelt hätte ... vermutlich «dämlich». Man spürt da doch die Unterschied zwischen Titanen und Pygmäen. Überhaupt könnte man die Beurteilung eines Dichters aus der Frage gewinnen: Steht er über oder unter der Erotik? Ihr feuerrot darf auf seiner Palette ebensowenig fehlen, wie das Schwarz des Furchtbaren. Aber viele Dichter (z. B. Gutzkow) gleichen dem Zentauren aus der Villa des Cicero, dem eine thyrsosschwingende Mänade auf dem Rücken sitzt, um ihn in den Abgrund zu peitschen. Steht nicht Goethes so falsch beleumdetes «Tagebuch» haushoch darüber?

Ad vocem «Luther»: Hier irren Sie, glaube ich, doch! Wir haben die Originalhandschrift nebst der Waltherschen[100] Komposition. Die Unfähigkeit zu Quantitieren hat die Schema $\cup - \cup - \cup -$ skandierenden Epigonen verführt solche Ungeheuer hervorzubringen, wie: «Fragst Dú-u, wer der ist? Er heißet Jesus Christ, Der Herre Zebaoth», «Der Fürste dieser Welt», «Nehmén sie úns den Leib, Laß fahren dá-a-hin.» Bereits in meiner Gymnasiastenzeit ließ der große Rhythmiker Heinrich Bellermann[101] den Choral in ursprünglicher Form singen, und das heutige Gesangbuch hat die alte Fassung vollständig wiederherge-

---

99   Richard Dehmel, Hermsdorf 18. November 1863–8. Febr. 1920 Hamburg-Blankenese, Schriftsteller, Lyriker. Nach der Promotion in Nationalökonomie in Leipzig 1887 und Tätigkeit in der Versicherungswirtschaft lebte er als freier Schriftsteller. Für sein Gedicht *Venus Consolatrix* wurde er 1896 wegen Verletzung der Sittlichkeit verurteilt (auf Grund einer Denunziation von Münchhausen) und zog in der Folge nach Hamburg. Dehmel galt damals als einer der profiliertesten Lyriker. Vgl. Heinz Otto Burger: Dehmel, Richard. *NDB* 3.1957, S. 564–565.

100   Wohl: Johann Walter, Kahla 1496–10. April 1560 Torgau, Komponist und Kantor. Er gab 1524 das Geistliche Gesangbüchlein heraus, das erste evangelische Chorgesangbuch. Er vertonte mehrere Texte Luthers. Vgl. Paul Gerhard Aring: Walter, Johann(es) alias J. Blankenmüller. *Biographisch-Bibliographisches Kirchenlexikon* (BBKL) 13.1998, Sp. 239–240.

101   Heinrich Bellermann, Berlin 10. März 1832–10. April 1903 Potsdam, Musikwissenschaftler und Komponist, 1866 Professor an der Universität Berlin.

stellt. Die schwache Art der Vorzeit, die noch in meiner Kindheit herrschte, hat der Marmorgruppe die Nasen abgeschlagen. –

O hätte ich doch die Fahnenabzüge der «Fröhlichen Woche» lesen können! Es wäre mir ein großer Genuß gewesen, denn gerade die «Fröhliche Woche» hat mich Ihnen seelisch nahe gebracht. Nach ihrer Lesung wagte ich damals, an Sie zu schreiben. Der Balladendichter hätte mir unerreichbar hoch gestanden. Aber ein Hin- und Hersenden der Korrekturbogen hätte den Druck doch ungebührlich verzögert. Nun kann ich den Stapellauf kaum erwarten. Sie vergessen mich doch nicht?

Augenblicklich brüte ich auf einem erklecklichen Roch-Ei und sitze schon seit Monaten darauf. Es heißt: «Begegnungen, Bilder und Briefe» und schildert meinen Verkehr mit bedeutenden und interessanten Persönlichkeiten. Illustriert wird es durch Bildnisse, Gegenstände, Landschaften u.s.w. in Aquarell und Sepiazeichnung und zahlreichen Selbstschriftnachahmungen. Bisher sind 150 in Diamantschrift geschriebene große Foliobogen fertig, die etwa das Vierfache im üblichen Druckformat ergeben würden, aber ich bin bisher erst bis zur Hälfte. Größeren Raum nehmen u.a. die Kapitel «Haus Doorn», «Prinz Friedrich Heinrich von Preußen», «Marquis v. Bayros und Lucie v. Pritzelwitz-Kieselhausen» ein. Jetzt bin ich bei einem der umfang- und farbenbildreichsten Kapitel: «Börries Freiherr von Münchhausen». Bisher sind 9 Aquarelle, 5 Sepiazeichnungen, 5 Schattenrisse, 2 Wappen und 10 Autogrammnachahmungen (darunter z.B. eine ganze Seite des «fabelhaften Mannes») und etwa ein Viertel des Textes fertig. Er würde Ihnen Spaß machen, und von irgend welchen Indiskretionen brauchen Sie nichts zu befürchten, denn schon die Form meiner Schrift erinnert mich ununterbrochen daran, wie sich eine Veröffentlichung ausnehmen würde. Material steht mir ja in meinem «Münchhausen-Archiv» so reichlich zur Verfügung, daß die Hauptschwierigkeit dieses Kapitels die nötige Kürzung ist, sonst würde es zu einem Folianten schwellen. Und bei dieser Gelegenheit schürfe ich wieder in den Schatzkammern des Archivs und entdecke fortwährend neue Kleinodien. Wie stolz bin ich darauf, Ihr handschriftliches Reisevortragsbuch mit Originalschriften Ihrer Dichtun-

gen zu besitzen! Ahnen Sie überhaupt daß meine Sammlung Ihrer
Schriften – ganz abgesehen von ihren zahlreichen lieben Briefen an
mich – über elfhundert Nummern umfaßt? Wie oft lese ich in
Nächten, in denen ich das Geheul der Sirenen erwarte, um dann zum
Kellerwurme degradiert zu werden, in Ihren farben- und gedankenfun-
kelnden Aufsätzen! Wieviel Liebe haben Sie mir gegeben! Wie gering
nehmen sich dagegen meine «olympischen» Schnurrpfeifereien aus,
die ich an Sie losließ!

Ihr ganzer Kreis ist von meinem Leben völlig unzertrennlich geworden. Es hat wohl niemand mit Ihnen solchen begeisterten Myste-
rienkult getrieben, wie ich, und dieser Kult hat mich über viele Klein-
lichkeiten meines eigenen Lebens hinweggetröstet. Sie schrieben einmal, ich besäße die «feierliche Gabe, Freude zu bereiten». Wenn jemand diese Gabe besitzt, so sind Sie es selbst. Und es ist durchaus
richtig, daß das Kapitel «Münchhausen» in meinem Erinnerungs-
werke den größten Umfang von allen haben wird.

Und nun zum Schlusse eine Bitte – aber erschrecken Sie nicht!
Wollen Sie mich nicht «Du» nennen, und darf ich Sie auch «Du»
nennen? Wir kennen uns ja schon seit 17 Jahren! Liegt es Ihnen aber
nicht, so betrachten Sie diesen Zeilen als ungeschrieben und erwähnen
Sie bitte nichts davon. Im Herzen kann ich Sie ja doch nennen, wie es
mir gefällt.

Nur halten Sie mich nicht für unbescheiden! Ich bin mit meinem
«Du»-Sagen außerordentlich sparsam und zurückhaltend. Aber wes-
sen Herz voll ist, dem geht der Mund über.
Mit besten Grüßen von Haus zu Haus bin ich so – oder so Ihr Sie
hochverehrender und Ihnen unerschütterlich dankbarer
Dr. Kurth

51
Dr. Kurth
Berlin-Weissensee, Berliner Allee 85
Fernruf: E6 3285

21.3.1941

Lieber Börries!

Da die Sache Eile hat, habe ich sofort Korrektur gelesen und schicke sie Dir zu.

Daß Du bei Bayros[102] den Herostrat gemimt hast, bringt mich fast zum Heulen, da ich Bayros seit Jahrzehnten sammele. Hoffentlich hast Du nicht auch Deine große 1001-Nächte Ausgabe[103], die er bebildert hat, ins höllische Feuer geworfen. – Jude? Mir völlig neu! Der Eil wegen Schluß.

In herzlicher Verehrung Dein

JK

52

Dr. Kurth

Berlin-Weissensee, Berliner Allee 85

Fernruf: E6 3285

19. April 1941

Lieber Börries!

Tausend Dank für den Vortrag: «Das Deutsche im Vortragssaal»[104]! Die Lösung ist verblüffend einfach und mir ganz aus der Seele gesprochen. Den Anti-Heine unterschreibe ich begeistert; schon der erste Vers der Lorelei mauschelt erklecklich. Chamisso[105] ist mir nicht so klar. Und was willst Du mit alten Refugiés machen, mit Fontane?

---

102   Marquis Franz von Bayros, Agram 28. Mai 1866–2. April 1924 Wien, Zeichner und Illustrator, Exlibris-Künstler. Vgl. *Das galante Werk* / Franz von Bayros. [Hrsg. von Ludwig von Brunn]. Bd 1–2. Hamburg: Gala Verlag 1966–1967. 117, 118 S. 4° Bayros' Briefe an J. Kurth sind abgedruckt in *Julius Kurth (1870–1949), Berliner Japansammler, Gelehrter und Pfarrer. Mit seinem unveröffentlichten Sharaku-Schauspiel.* Wiesbaden 2017, 167–200.

103   *Das Buch der tausend Nächte und der einen Nacht: vollständige und in keiner Weise gekürzte Ausgabe nach den vorhandenen orientalischen Texten besorgt von Cary von Karwath.* Bd. 1–18. Wien: C. W. Stern 1906 ff. Bayros hat nur 2 Bände illustriert.

104   Sonderdruck aus dem Bericht über die Arbeitstagung des deutschen Fachbeirats in Wien am 3. und 4. April 1940 des Internationalen Rates für Sing- und Sprachkultur.

105   Adelbert von Chamisso, Schloß Boncourt bei Ante, 30. Jan. 1781– 21. Aug. 1838, Dichter und Naturforscher aus französischer Adelsfamilie, begleitete August von Kotzebue auf seiner Weltumsegelung als Naturforscher und

Daß sich die Rasse nicht verleugnen kann, ist selbstverständlich.
Wer nicht weiß, das [Giacomo] Meyerbeer, [Jacques] Offenbach und
[Anton] Rubinstein Juden waren, merkt es sofort an ihrer Musik. Wie
hat der letzte Goethes «Über allen Wipfeln» sentimental vermau-
schelt! Nur Mendelssohn scheint eine wirkliche Ausnahme zu sein.
Ich wüßte gern, was Du über Richard Wagner (Geier?[106]) und Scho-
penhauer denkst. Natürlich auch über Bayros! – In der Malerei kann
man das auch spüren. [Max] Liebermann, den ich persönlich kannte,
mauschelte nicht nur mit der Zunge. Ein Zeichner der «Fliegenden
Blätter» namens Bechstein[107] zeichnete unwillkürlich jüdische Typen,
wenn er arische Gesellschaften darstellte, und (verzeih!) Lilien[108], von
dem ich eine ganze Reihe nicht jüdisch sein sollender Ex-libris besitze, jüdelte trotzdem.

Wenn sich heut deutsche Dichter ins Ausland wagen, sind sie allerdings vorsichtiger als Shakespeare. Wir wissen heut zu viel, und ich
staune oft über die tiefgründigen kulturgeschichtlichen Studien, die
neuzeitliche Romanschriftsteller gemacht haben. Trotzdem hast Du
auch da recht. So kann Mereschkowskij trotz seiner erstaunlichen
Kenntnis von ausländischem Geistesgut niemals den mystisch ange-
sengten Russen verleugnen, selbst nicht in seinem ägyptischen «Messias». – In eine andere Linie gehören wohl Rembrandts Anachronis-
men. Er wollte in seinen Kostümen orientalisch wirken, und nicht sein
arisches Unterbewußtsein, sondern nur der Mangel an echten Vor-
lagen, die ihm Saskias reicher Kostümschatz nicht bieten konnte, war
Schuld an seinen prächtigen Phantastereien. Daß er trotzdem in seinen

---

wurde 1833 Direktor des Berliner Botanischen Gartens. Er gehörte zum Kreis
der Serapionsbrüder um E. T. A. Hoffmann. Vgl. Adalbert Elschen-
broich: Chamisso, de Boncourt, Louis Charles Adélaïde, genannt Adelbert
von Chamisso. *NDB* 3.1957, S. 190–192.

106   Ludwig Heinrich Christian Geyer, Eisleben 21. Januar 1779–30 September
1821 Dresden, Maler, heiratete die verwitwete Mutter Richard Wagners. Nach
einem Gerücht sei Geyer Wagners leiblicher Vater gewesen.
107   ?A. E. Ludwig Bechstein, 1843–1914.
108   Ephraim Moses Lilien, Drohobycz 23. Mai 1874–17. Juli 1925 Badenweiler,
Maler und Illustrator, mit Münchhausen befreundet, dessen Buch *Juda* er
illustrierte und dadurch bekannt wurde. Vgl. Hans Ries: Lilien, Ephraim
Mose. *NDB* 14.1985, S. 550–551.

Judengestalten urgermanische Typen schuf (Simson!), kommt wieder auf Dein Konto. –

Auf Dein «posthumes Werk» bin ich höchst gespannt!

Mit besten Grüßen von Haus zu Haus in herzlicher Liebe und Verehrung Dein

JK

53

Dr. Kurth

Berlin-Weissensee, Berliner Allee 85   Walpurgis [30. April] 1941

Fernruf: E6 3285

Lieber Börries!

Du bist ein undankbarer Mensch! Am 29. Dezember 1924 schriebst Du mir, Du habest die «schlechteste aller Handschriften», und beehrtest sie mit dem Epitheton ornans «Saupfote». Jetzt notierst Du wieder eine «elende Handschrift». Danke Deinen Göttern, daß Du, wenn Du langsam und groß schreibst, eine wunderschöne Künstlerhandschrift verübst, die ihr Alphabet mit konsequenter Strenge innehält, wie ich aus zahlreichen Nachahmungen in meinem Memoirenwerk am besten feststellen kann, und daß, wenn Du flüchtig (mit derselben konsequenten Strenge!) schreibst, für mich Deine Züge ganz so leslich sind, wie die gotischen Lettern Deiner Schreibmaschine. Da Du ein andermal bemerkt hast, daß Du Namen und Persönlichkeit leicht, Handschriften aber nie vergißt, kannst Du mir vielleicht Auskunft über beigefügtes Münchhausenautogramm erteilen, das mir D. Faber[109] vor Jahren für meine Selbstschriftensammlung gab. «Sir Galahad»

---

109   Wilhelm Faber, 1845–1916. Von 1891 bis 1894 war er Dritter Hof- und Domprediger in Berlin, 1893 zugleich Generalsuperintendent und Wirklicher Oberkonsistorialrat, 1894 Zweiter Hof- und Domprediger, 1898 Erster Pfarrer an St. Nikolai in Berlin. Am 1. Oktober 1911 ging er in den Ruhestand. Er wurde auf dem Domfriedhof in Berlin bestattet. Kurth hat seinen väterlichen Freund ausführlich und dankbar gewürdigt: *Erinnerungen an D. Wilhelm Faber, weiland Generalsuperintendenten in Berlin.* Von Dr. Julius Kurth. Mit einer farbigen und sechs anderen Abbildungen. (Berlin: Sonntagsblatt. 1925). 82 S. Vgl. *DBA* II 348, 292–294; III 228, 170.

schicke ich Dir anbei mit bestem Danke zurück. Mir geht es mit den
Russen ähnlich, wie Dir: Die blenden und bestechen mich oft, erwär-
men mich aber nie. Und da muß ich Dir gestehen, daß es mir (ich
erröte!) mit Fontane ebenso geht. Er löst bei mir keinen Hauch von
Herzenswärme aus, und seine «Wanderungen durch die Mark» z.B.
werden mir durch immerwährende Wiederholungen derselben senti-
mentalen Landschaftsstimmung oft direkt langweilig. Vielleicht war
er doch mehr Franzose, als Deutscher. Man darf diese Ketzerei nur
keinem sagen. – In der Musik kommen wir wohl niemals überein. Mir
war z.B. Wagners besonders streng auf Motive gebauter «Parsifal» ein
mächtig-tiefes Erlebnis, und es würde mich kränken, wenn er sich
wirklich als Halbjude herausstellen sollte. Mit Bayros geht es mir
ebenso. Ich habe ihn nie gesehen, um so stärker aber mit ihm von
1909 bis 1921 korrespondiert. Er selbst trug zu meiner umfangreichen
Bayrossammlung durch Zusendung von zahlreichen Ex-libris und
Handaquarellen und -Zeichnungen bei. Daß ich ihn überhaupt sammelte, hat seinen besonderen Grund: Ich besitze eine große erotische
Sammlung, die meisten Blätter (Tausende!) und Gegenstände sind
japanisch, wie das meine Studien mit sich brachten, aber auch China,
Indien, Persien, Altägypten, Griechenland (Vasen), Rom (Pompeji),
deutsches Mittelalter sind vertreten, natürlich das meiste von mir
angefertigte Kopien. Dazu kommt entsprechende Literatur, von der
Wissenschaft bis zum Sumpfe der Pornographie. Ich halte die ausübende Erotik für eine große, von den wenigsten Menschen erfaßte
Kunst und die theoretische für eine äußerst wichtige und wertvolle
Wissenschaft. Welche Rolle sie z.B. in der Seelsorge spielt, hat
bereits die katholische Kirche erkannt (der falsch verketzerte Ligori[110]
ist nur ein Beispiel), und ich bin stolz darauf, einen Originalabdruck
von Luthers «Ehebüchlein» zu besitzen. Wenn man das heute veröffentlichen wollte, würden meine Herren Amtsbrüder in Christo von

---

110   Liguori [auch: Ligorio], Alfonso Marie de, Marianella 27. Sept. 1696–1. Aug.
       1787 Pagani, Jurist, Priester, Gründer des Redemptoristenordens, Moral-
       theologe, 1839 heiliggesprochen. Vgl. G. Cacciatore: Alfonso Maria de Li-
       guori, santo. *Dizionario Biografico degli Italiani* (DBI). Band 2.1960, S. 342–
       350.

ihren gesalbten Stühlen fallen, obgleich es Luther ist. Sie würden dann wie die Ratten die Herakleskeule dieses Riesen benagen. Ich selbst habe eine ganze Reihe von erotischen Schriften und Dichtungen, darunter ein griechisches Epos von mehr als 20000 Versen, verbrochen, werde mich aber hüten, Dich hineinschauen zu lassen. Meine erotischen Novellen habe ich übrigens neulich verbrannt, alles andere aber lasse ich unbedenklich meinen Sohn Wolf, den Mediziner und Philosophen, erben. Da Du mich vermutlich überleben wirst, kannst Du ihn ja gelegentlich daraufhin anpreien und ihm sagen, daß die als «Übersetzungen aus dem Französischen» angegebenen Dichtungen auch von mir stammen.

Nun suchte ich zur Ergänzung meiner mehr ethnographischen Sammlung nach neuzeitlichen Parallelen und stieß dabei neben andern auf Bayros, den ich für den künstlerisch-genialen Gipfelpunkt aller modernen Erotik halte. Ich verehre auch seine zahllosen nicht erotischen Schöpfungen sehr hoch. – So!! Da hast Du einen neuen, hoffentlich nicht zu abstoßenden Einblick in meine Kentaurenseele! Ob Du nun noch an mich schreibst? –

Wie ist denn Bayros *wirklicher Name* [in Bayros' Handschrift]? Du weißt ja alles!

Und wann sehen wir uns einmal wieder?

Mit besten Grüßen von Haus zu Haus in Liebe und Verehrung Dein JK

Der Münchhausen-Aufsatz ist fertig. Er umfaßt 55 Folioblätter, also über 200 Druckseiten. Jetzt lese ich wieder einmal Deine Balladen.

54

Dr. Kurth

Berlin-Weissensee, Berliner Allee 85   6. Mai 1941

Fernruf: E6 3285

Lieber Börries!

Habe tausend Dank für die prompte Erledigung der Autographenfrage! Über meine Schrift: «Begegnungen, Bilder und Briefe» hast Du wohl eine irrige Vorstellung. Sie ist weder zu Deiner Lektüre bestimmt geschrieben, noch zur Veröffentlichung. Der Kern sind unmittelbare, völlig eindrucksfrische Tagebuchaufzeichnungen, ganz unverändert, aber natürlich stark gekürzt. Dazu kommen Briefauszüge mit Autogrammen, Bildern u.s.w. Ich habe das Werk für meine Jungen gedacht, dies es vielleicht in Auszügen publizieren können.

Also kaum Kritiken, dafür um so mehr Ménus (Du weißt ja, daß ich Gourmet bin!).

Wenn Du es liest, wirst Du bald merken, daß Dir manches vielleicht nicht paßt. Dann mußt Du mir nicht böse sein!

Ich muß noch ein Aquarell fertig malen, dann will ich Dir's schicken. Wundere Dich nicht, daß ich es mit 1000 Mark versichere, denn es war eine große Arbeit, und wenn es in die Binsen gehen sollte, soll wenigstens meine Frau etwas davon haben.

Mit herzlichen Grüßen von Haus zu Haus Dein

JK

55
Postkarte
Herrn Börries Frh. v. Münchhausen
Dr. Dr. Dom- u. Kammerherr
Windischleuba bei Altenburg
Thüringen

Absender: Dr. Kurth
Berlin-Weissensee, Berliner Allee 85
Fernruf: E6 3285

7.5.41

Lieber Börries!
Mein Sohn Wolfram hat große Sehnsucht nach Dir, und da er z.Z. in Dresden ist, möchte er Dir gern eine Stippvisite machen.
Falls es Dir paßt, schreibe ihm bitte auf beigefügter Karte eine Zeile.
Mein Brief wird inzwischen eingetroffen sein.
In herzlicher Verehrung Dein
JK

56

Dr. Kurth

Berlin-Weissensee, Berliner Allee 85   18. Mai 1941

Fernruf: E6 3285

Lieber Börries,

es war mir eine Herzensfreude, daß Du mir die «Fröhliche Woche» zu meinem Geburtstage sandtest! Ich habe sie mit Stolz auf meinen Gabentisch gelegt, Habe allerschönsten Dank!

Das Paket kam übrigens geöffnet an. War das Absicht? Außerdem ist dies Buch das einzige meiner glänzenden Münchhausensammlung, dem Deine Namenseinschrift fehlt.

Am 13. Mai wurde mein erster Enkel Michael-Wolfram geboren. Bisher war ich erst Großmutter. Meine Enkelin Regina ist zur Zeit bei uns und erzieht uns, mein Enkel brüllt in Dresden. Diese Woche hoffe ich auch, Dir das Münchhausenstück meiner «Begegnungen, Bilder und Briefe» senden zu können, obgleich ich es mit etwas Herzklopfen tue.

Mit besten Grüßen von Haus zu Haus und in dankbarer Verehrung

Dein

JK

56a [Von Münchhausen]

Windischleuba den 20.5.41

Lieber Julius,

schönste Glückwünsche zum Geburtstag nachträglich. – Der elende Papierbindfaden wird abgesprungen sein. Namenseinschriften habe ich diesmal aus Bescheidenheit nirgends gegeben, damit die Empfänger das Buch weiter verschenken können. Deinem Sohn gratulierte ich zum Sohn, laß Dir zum Enkel Glück wünschen.

Würdest du gegebenenfalls mir erlauben, eine Abschrift oder eine Fotokopie deines Münschhausen-Aufsatzes zu nehmen, falls ich die Möglichkeit dazu finde? Ich würde dir dann Durchschlag bzw. Abzug nebst dem Original zurückschicken.

Eiligst herzlichst dein [M.]

57

Dr. Kurth

Berlin-Weissensee, Berliner Allee 85   22. Mai 1941

Fernruf: E6 3285

Lieber Börries,

meinen herzlichen Dank für Glückwunsch, Sendung und Depesche! Auch Deiner hochverehrten Gattin tausend Dank! Ich fürchte nur, Du hast das Telegramm nach dem ersten Eindruck der Aquarelle abgesandt, ohne Dich um den Text gekümmert zu haben. Hoffentlich enttäuscht er Dich nicht zu sehr, da er durchaus nicht für Dich bestimmt war. Du hast ja selbst geschrieben, daß ich meine opera in möglichst angenehmer Form aufzeichne und dann in den Winkel lege. So habe ich's eigentlich auch hier machen wollen. Und da liegt schon unendlich viel mehr. Es war hauptsächlich für mich bestimmt, wenn mich der raptus packt, in alten Zeiten zu kramen. So halte ich's mit allen diesen Dingen.

Den «neuen Münchhausen» hattest Du mir schon bei meinem ersten Aufenthalt in Windischleuba gezeigt. Ich habe ihn wieder mit Vergnügen gelesen. Da der Witz über dem Gegenstande steht (das ist bei mir das Hauptkriterium in diesen Dingen, oder für den Witz die Schönheit, was hier aber nicht der Fall ist), so wirkt das Ganze tatsächlich erheiternd. Schade, daß das Niveau unsrer Höheren-Töchter-Einstellung keine Öffentlichkeit verträgt! Luther dachte darin anders.

Deine «Gerechtigkeit und Gnade» hast Du mir (und, wenn ich nicht irre, auch Momme Nissen[111]) seinerzeit vorgelegt. Es war ein Griff ins Wespennest. Inzwischen sind diese alten Streitfragen in unserer Kirche ziemlich abgeblaßt. Mich haben sie auch nur in den Jugendjahren bewegt. Aber ich freue mich, daß ich diesen Druck zu meinen «Münchhauseniana» fügen darf.

---

111   Nissen, Deezbüll 28. April 1870–23. Juni 1943 Ilanz, Graubünden, Maler und Schriftsteller. Vgl. Gertrud Fiege: Momme Nissen. In: *Schleswig-Holsteinisches Biographisches Lexikon*. Band 3. Neumünster: Karl Wachholtz Verlag, 1974.

Wenn Du nach der Lektüre meines eingesandten Memoirenstückes noch Lust hast, etwas davon abschreiben oder fotokopieren zu lassen, so tue es in Gottes Namen! Ich fürchte nur, daß Du Dich über verschiedene Stellen ärgern wirst. Aber Du hast es haben wollen, und ich vertraue auf Deine Nachsicht.

Mein jüngster Enkel ist mit seinen glücklichen Eltern soeben in Berlin eingetroffen. Ich werde ihn morgen beaugenscheinigen. Er soll blaue Augen haben. Übermorgen reist das vierblättrige Kleeblatt wieder nach Stolpmünde.

Du erinnerst Dich vielleicht, daß ich Dir vor 11 Jahren 10 lateinische Fabeln zugesandt habe, die Dir Spaß machten. Ich habe nun wieder neue geschrieben, da die Anwesenheit meiner Enkelin Regina in unserm friedlichen Haushalt keine ernstere Arbeit (wie z.B. Memoiren) zuließ. Übrigens habe ich der jungen Dame (sie ist bald vier Jahre alt) den unsterblichen «Max und Moritz» soweit beigebracht, daß sie größere Stücke auswendig hersagen kann. Sobald die 20 geplanten Fabeln fertig sind, schreibe ich sie für Dich ab. Heut nur das Widmungsblatt mit (wie Du es wünschtest) deutscher Übersetzung:

Libori, monasterii	O Börries, Münchhausens Sohn,
De sede, lyram tetigi	Ich weckte meiner Leier Ton,
Latino modestissimam	Der im Latein kaum Probe hält,
Et forte molestissimam.	Vielleicht auch stark ins Grobe fällt.
Sed quaevis avis parvula	Doch jedes muntre Vögelein
Convenienter gratia	Erhebt die Stimme noch so klein
Omnipotentis voces dat	Wie es des Schöpfers Gunst beliebt,
Et – lyra mea pipilat!	Und, siehst Du: Meine Leier piept!

Wobei ich Dich bitte, das Dir ominöse Wort «gratia» (s.o.) gütigst entschuldigen zu wollen,

Inzwischen habe ich auch nach Apelern geschrieben und zu meinem Staunen schon nach einer Woche ausführliche Antwort erhalten. Man soll doch nicht frivol behaupten, daß wir nicht in einer Welt der Wunder leben!

Nun, viel Glück zu dem Augenpulver der «Münchhauseniana»!
Mit besten Grüßen von Mietswohnung zu Schloß und in treuer Ver-
ehrung Dein
JK

58
Dr. Kurth
Berlin-Weissensee, Berliner Allee 85   8. Juni 1941
Fernruf: E6 3285

Lieber Börries!
Das Wertpaket ist unversehrt eingetroffen. Ich habe zwei Deiner
Siegelabdrücke, die noch ganz waren, und die ich auch noch nicht
besaß. vorsichtig herausgeschnitten und sie meiner Münchhausensammlung einverleibt. Der Klebeschaden des ersten Bogens ist bereits
repariert. Habe vielen herzlichen Dank für die mir sehr wertvollen
Korrekturen! Sie sind sofort sämtlich mit leichter Mühe in das
Manuskript eingetragen worden, und ich freue mich, daß Du, der Du
mir in dieser Sache die einzige Autorität bist, nun nichts mehr auszu-
setzen haben kannst.
    Der «ungeheuerliche Scherz Hans Conons[112]» war: «Nun kotze
Balladen, Du Schwein!» Wie ich in Remeringhausen erfuhr, hast Du
aus diesem köstlichen «Bonmot» ein paar Verse gemacht, ich habe sie
aber nicht! Sie fangen, glaube ich an: «In der Leutnantstube ...» Habe
doch die Liebe und schreibe sie mir auf! Du würdest mir eine unge-
meine Freude machen!
    Die Drucksache über Deltgens[113] Mephistorolle, die ich Dir gestern
sandte, hast Du wohl erhalten. Weißt Du, welche Deiner Balladen ihn
zu seiner Bühnenlaufbahn begeistert hat? Ich könnte es durch seinen
Interviewer herauskriegen, den ich kenne, aber es wird Dir längst bekannt sein.

---

112   Vermutlich Münchhausens Vetter Hanns Conon von der Gabelentz, 1892–
       1975. Münchhausen hob seine «unsägliche Grobheit» hervor (Gans, 344).
113   René Deltgen, Esch/Alzette 30. April 1909–29. Jan. 1979 Köln, luxem-
       burgischer Schauspieler. Vgl. *DBA* II 260, 433–449; III 169, 23–31.

Meine «Fabulae» sind fast in der Reinschrift fertig. Ich schicke sie
Dir dann sofort, bitte aber um Rückgabe, weil ich noch keine Ab-
schrift anfertigen ließ.
Mit herzlichen Grüßen von Haus zu Haus und in dankbarer Verehrung
Dein JK

59
Postkarte
Herrn Börries Frh. v. Münchhausen
Dr. Dr. Dom- u. Kammerherr
Windischleuba bei Altenburg
Thüringen

Abs.: Dr. Kurth
Berlin-Weissensee, Berliner Allee 85
Fernruf: E6 3285

                                                    23.X.1941

Lieber Börries!
Ich finde in Seumes Autobiographie wiederholt einen Herrn v.
Münchhausen, er hat ihm als altem Kameraden in Canada auch ein
Gedicht gewidmet. Bitte sage mir doch, was das für ein Herr v. M.
war!
Mit herzlichem Gruß von Haus zu Haus verehrungsvoll Dein
JK

60
Dr. Kurth
Berlin-Weissensee, Berliner Allee 85
Fernruf: E6 3285

                                                    22. Dezember 1941

Lieber Börries!
Zum Christfest, das ich seit meiner Kindheit nach genau denselben
Traditionen feire, wie Du es in Deinen Idyllen geschildert hast, sende

ich Dir und Deiner hochverehrten Frau Gemahlin einen freundlichen
Gruß. Meine Pflegetochter hat nach feststehendem Ritus gestern den
Christbaum geputzt, ich habe einige Arme und Beine meiner wäch-
sernen himmlischen Heerscharen gekittet (sie entwickeln sich mit den
Jahren zum Lazarett) und werde heut Moos und Buchsbaum für die
Krippe besorgen, die an diesem Fest schon über sechzig Jahre alt ist.
Dem Joseph habe ich eine Hand angesetzt und dem heiligen Kamel
der Weisen aus dem Morgenland ein Bein. Gelbe Wachskerzen waren
noch vom Vorjahr da, sonst wär's dies Jahr schlimm gewesen, wo es
pro Mann nur eine große Kerze gibt, und der Saal duftet nach Tanne,
Äpfeln und Pfefferkuchen, die meine Frau nach altem Rezept
gebacken hat. Alle Weihnachten hole ich einen Kasten heran, dessen
Deckel mein Vater gemalt hat, und krame in seinen Schätzen: Ein
rotes Eckzierstück eines Fensters aus meinem Geburtszimmer, ein
blaues Perlentäschchen mit einem Hündchen, das ich als kleines Kind
getragen, Papierblättchen in Gold und Farben, mit denen in meinen
Kindertagen die Pfefferkuchen auf dem Weihnachtsmarkte dekoriert
wurden, – es waren darauf Liebespaare in Biedermeierkostüm, deren
Wangen stark geröstet aussehen, und darunter standen Verse, mei-
stens Zweizeiler, wie Du sie nicht schöner fertig kriegen würdest, –
mein erstes Märchenbuch (Grimm, erklecklich zerledert) u.s.w.

Verzeih, daß ich Dich mit dergleichen aufhalte! Aber wessen Herz
voll ist ... Ich wollte Dir eigentlich ganz was anderes schreiben,
nämlich herzlichsten Dank für die prompte und erschöpfende Auskunft über den Seume-Münchhausen[114]. Sie war mir besonders
wertvoll: Ich sah in Remeringhausen die Veröffentlichung eines bebil-
derten Runensteines der in jener Gegend gefunden sein soll, und der
als Fälschung galt. Es ist doch wohl der Seume-Münchhausen, der ihn
herausgegeben hat? Ich bin bei Altertümern ein großer Skeptiker, aber
dieser Stein kam mir echt vor, und zwar aus folgendem Grunde: Der
Verfasser erklärt eine ihm unbekannte bildliche Darstellung falsch,

---

114   Karl Ludwig August Heino Freiherr von Münchhausen, Hessisch Oldendorf
       17. Febr. 1759–16. Dez. 1836 Lauenau, hessischer Offizier und Schriftsteller;
       vgl. Robert Eberhardt: *Seume und Münchhausen*. Schmalkalden: Wolff
       Verlag 2010. 197 S.

wir aber kennen sie heut und erklären sie richtig! Es ist doch in höchstem Grade unwahrscheinlich, daß diese Darstellung aus der Phantasie stammen soll. Dies Kriterium machte mich stutzig. Denke Dir mal, irgend ein Archäolog veröffentlicht vor hundert Jahren eine Hieroglypheninschrift und erklärt sie nach damaliger Zeit phantastisch falsch, wir aber lesen sie heut richtig, da würde doch kein Ägyptologe an der wirklichen Existenz des Denkmals zweifeln!

Jedenfalls müßte die Runentafel des Seume-Münchhausens noch einmal ganz gründlich vorgenommen werden. Bei der ungeheuren Seltenheit derartiger Altgermanischer Denkmäler (es gibt ja wohl nur noch sieben?) wäre das eine dankenswerte Aufgabe.

Du kennst die Geschichte des habgierigen Kaufmanns aus den 1001 Nächten, der dem gutmütigen Derwisch ein Kamel nach dem andern abluchst, bis er alle hat und schließlich mit Blindheit geschlagen wird: Zwei Kamele habe ich Dir bereits abgeluchst in Gestalt zweier Münchhausens, jetzt kommt das dritte: Neulich starb Frau Ellen v. Siemens[115] geb. v. Helmholtz. Ich habe sie sehr gut gekannt und hebe noch heute Briefe von ihr auf. In ihrer Todesanzeige fand sich auch der Name v. Münchhausen. Seid Ihr mit dieser Linie verwandt? – Du schriebst mir, daß sie Dich als Domherrn senior in Wurzen einführen wollten. Ich habe mich für Dich gefreut, aber warst Du nicht auf der Dichtertagung die doch ungefähr gleichzeitig war?
Genug des Fragens, sonst geht mir's noch wie dem Kaufmann!
Mit herzlichen Festwünschen von Haus zu Haus in dankbarer Verehrung Dein
JK

---

115 Ellen von Siemens, 24. April 1864–27. Nov. 1941, Tochter von Anna (1834–1899) und Hermann von Helmholtz (1821–1894), verheiratet mit Arnold von Siemens (1853–1918). Vgl. *DBA* II 1224, 161–162.

61
Dr. Kurth
Berlin-Weissensee, Berliner Allee 85   18.I.1942
Fernruf: E6 3285

Lieber Börries!
Anbei sende ich die «Gedicht-Interpretation» zurück.
Es macht mir jedesmal eine besondere Freude, wenn Du auf Probleme
losgehst, die im Letzten unlösbar sind (und dazu gehört jedes wirkliche Gedicht), auch wenn Du auch immer mehr nach dem Mittelpunkt dringst und mehr herauskriegst, als andere. Was uns andern wie
eine Bleikugel vorkommt, das machst Du zu einer Frucht, von der Du
uns das Fleisch zu essen giebst und den Kern oder konstanten Rest für
unauflösbar erklärst. Was er denn auch ist, da er mit dem «höchsten
Glück der Erdenkinder» identisch ist.
   Habe herzlichen Dank, auch für die Kritik meiner Fabulae, die sie
mir erst wirklich lieb gemacht hat. Der Durchschlag war ein Provi-
sorium. Du kriegst natürlich das Manuskript, das Du schon da gehabt
hast. Es ist nur noch unterwegs.
   Ich hoffe, Deine Frau Gemahlin zürnt mir nicht, daß ich den Ge-
burtstagsbrief mit Bleistift geschrieben habe. Ich habe erst seit gestern
wieder einigermaßen anständiges Briefpapier auftreiben können.
   Deine «Gedicht-Interpretation» rumort mir im Schädel. Es ist mir
ein ganz besonders hohes Glück, daß so unendlich vieles in der geistigen Welt rätselhaft bleibt und, je länger ich einzudringen versuche,
desto tiefer wird. Für unsre zackige Zeit ist das Geheimnisvolle geradezu Medizin. Selbstverständlich liebe ich den Gespensterhoff-
mann[116], den ich immer wieder lese.
In herzlicher Liebe und Verehrung und mit treuen Grüßen von Haus
zu Haus Dein JK

---

116   E. T. A. Hoffmann, Königsberg 24. Jan. 1776–25. Juni 1822 Berlin, roman-
      tischer Dichter, Jurist, Komponist, Musikschriftsteller. Wegen der phanta-
      stischen Elemente in seinen Werken wurde er populär gern als «Gespen-
      sterhoffmann» bezeichnet. Vgl. Wulf Segebrecht: Hoffmann, Ernst Theodor
      Wilhelm. *NDB* 9.1972, S. 407–414.

62
Dr. Kurth
Schönbruch, Kreis Bartenstein
Ostpreußen. Pfarrhaus

                                                                    11.X.43

Barbarus hic ego sum, quia non intelligor ulli. Ovidius[117]

Lieber Börries! Wenn ich so lang' geschwiegen,
Nicht Vergessen war es geweihter Stunden,
Sondern weil die bebende Metropole
          Evakuiert ward.

Nolens volens bin ich gen Osten verschlagen
Samt der Ehgenossin, die schier verzagte,
Und geraffter Habe, wovon das Beste
          Leider zurückblieb.

«Einst» und «Jetzt» vergleichend im lieben Zwerchfell
Tob' ich wie ein reichlich bezechter Satyr,
Und so spei' ich, grimmigen Sinns skandierend,
          Sapphische Strophen.
Äpfel gibts, um die mich die Hesperiden
Selbst beneiden würden beim leckren Fraße,
Aber leider schmeckt mir die sonst'ge Kohlsupp'
          Teilweise scheußlich.

Zwar von jenem wüsten Hornissenschwarme
Frecher Bomber bin ich hierselbst gesichert,
Ja, mir fehlt fast nächtlich der Kraftsirene
          Heitres Getute.

---

117   Ovid, *Tristia*, V, 5,37 *Ein Barbar bin ich hier, weil ich von niemandem*
       verstanden werde.

Seit Barbarenlaute mich aber kränken,
Fast verlern' ich, wie an der Spree man aufreiht
Holden Wohlklang's Perlen, und werde selbst zum
        Hyperboräer.

Agnes Miegels Heeimat, die bernsteeinreeiche,
Reeimt und schleeimt so reeichlich in weeichem Weeimern,
Daß mir unbegreeiflich erscheeint die feeine
        Östliche Sappho!

Tönt wohl noch vom flaggenumrauschten Bergfried
Windischleubas schmetternd des Dichters Meerhorn,
Das die Mahnen Deutschlands geweckt zu dankbar-
        Heiligem Staunen?

Zwar man kennt Dich hier, wie im ganzen Weltkreis,
Aber wenige sind es, die ganz Dich fassen,
Selig-frohe Träumer, wie wirklich feiern
        «Fröhliche Wochen»,

Fern von Bombenkrachen des grausen Weltkriegs,
Rote Äpfel schauend, wo Disteln blühen,
Ohne Wappen tragen sie güld'ne Sporen,
        «Herzen im Harnisch!».

Ahnst Du ihre Nähe, Du reich Verwöhnter?
Einsam wandelnd fühlen sie tief im Herzen:
«Ach, die meisten Andern sind doch nur «schwer hin-
        Schleppendes Hornvieh!» ...

Bester! Sehn wir uns wohl auf erden wieder?
Wird erst hebe in lausch'ger Nektarkneipe
Den Falerner freundlich uns dort kredenzen,
        Wo es nichts kostet? –

Dreizehn Strophen! – Börries, Du wirst erschöpft sein!
Zweiundfünfzig Verse! Vergib dem Freunde,
Daß er Dir, dem Heros, so frech servierte
       Klassischen Blödsinn!
                                                    JK

62a [Von Münchhausen]

Windischleuba, den 14.10.43

Lieber Julius,
du hast mir mit deiner reizenden sapphischen Ode eine ganz besondere Freude gemacht, und eine beinahe gleiche mit deiner japanischen
Lyrik. Ich ging höchst mißtrauisch an das Buch, denn ich habe nur in
den allerseltensten Fällen gefunden, daß ein lyrisches Gedicht sich
wirklich übersetzen läßt, habe noch seltener erlebt, daß ich in die
Lyrik einer fremden Rasse eindringen konnte. Nun ist dein Buch eine
Ausnahme, wie ich sie in 40 Jahren noch nicht erlebt habe.
    Das liegt nicht nur an deiner meisterhaften Übertragung, sondern
gewiß auch daran, daß die Mehrzahl dieser Gedichte nicht gereimt
sind, und deshalb alle die für den Kenner quälenden Rauheiten fehlen,
die ihm sonst in die Finger fahren, als ob man über ein ungehobeltes
Brett striche. So konntest du abgesehen von der geringen Mühe des
Rhythmus deine ganze Kraft auf die Wiedergabe des engumzirkten
Gedankens und die Stimmung der oft wundervollen Dichtungen
lenken.
    Aber auch abgesehen von der Übersetzung haben mich diese
feinen lyrischen Silberstiftzeichnungen, Tuschemalereien sehr ergriffen. Die Japaner haben das lyrische Gedicht zusammengepreßt in eine
einzige Strophe und sind dadurch einer Menge Schwierigkeiten
entgangen, die das europäische Gedicht so oft unvollkommen machen. Ein winziger Naturausschnitt, ein Insekt, eine Blüte, ein Vogel
ist zusammen mit der Landschaft blitzartig aufgenommen, und häufig
mit feinster Stimmung überschleiert, bisweilen auch in einem glänzenden Bilde wiedergegeben. Was ist der *Rabe im Frühlingsnebel* für
ein wundervolles kleines Kunstwerk, aber auch die *Heuschrecke* (S.
112), und S. 110 die *Raupe* und der *Schmetterling*, dann die *Venus-*

muschel (S. 106) sind lauter kleine Meisterwerke, wobei das *klein* sich durchaus nur auf den Umfang bezieht, denn als Gedichte sind diese Strophen *groß* und vollkommen. Der frühere Reichskanzler Luther, der lange in Japan Gesandter war[118], erzählte mir zuerst die unwahrscheinliche Sache, daß das Formelement dieser Gedichte eine bestimmte Silbenzahl sei. Dieses Formelement brauchen wir nicht nachzuahmen, weil wir es ja doch nicht hören können, – ich halte es für ganz ausgeschlossen, daß auch ein geschultes Gehör ohne heimliches Nachzählen am Ende eines Gedichtes weiß: Das waren 21 Silben oder 23 Silben. Trotzdem müssen wir es gutgläubig hinnehmen, daß der gebildete Japaner dieses Formelement tatsächlich hört, so wie wir ja auch wohl glauben müssen, daß die Griechen beim Erklingen der Gegenstrophe Silbe für Silbe die Melodie der Strophe in ihrer ganzen ungeheuerlichen Vielfalt und Verwicklung im Ohre hatten, denn eine Dichtung, deren Formelemente nicht vom Ohre des gesamten Volkes aufgenommen wird, wäre ja ein Unfug. Wir würden lachen, wenn jemand ein langes Gedicht schriebe ohne Reim und ohne Rhythmus, dessen Formelement etwa darin bestünde, daß die Endbuchstaben der Zeilen zusammengelesen das Vaterunser oder einen Bibelspruch ergäben. Tatsächlich aber sind für unsere europäischen Ohren die Strophen und Antistrophen der Griechen, und die Silbenzählungen der Japaner genau ebensowenig nachzuempfinden. Wir können durch Experimente feststellen, daß viele Insekten Töne außerhalb der uns hörbaren Skala hören, Farben außerhalb der unserem Auge sichtbaren Reihe sehen. Ebenso stehen wir solchen Formelementen der mittelmeerischen und der mongolischen Rasse gegenüber. Diese Menschen kommen mir vor wie Insekten, deren Sinne experimental nachweisbar unsäglich verfeinert und über das uns vorstellbare hinaus entwickelt sind.

Ich muß durch einen Zufall einmal eine große Menge unglaublich unanständiger japansicher Bilder in die Hand bekommen haben, und

---

118   Hier dürfte sich Münchhausen geirrt haben – hier ist vielmehr an Wilhelm
      Solf, Berlin 5. Okt. 1862–6. Febr. 1936 Berlin, zu denken, der 1920–1928
      Botschafter in Tokyo war. Vgl. Ralph Erbar: Solf, Wilhelm Heinrich. *NDB*
      24.2010, S. 549–550.

das hat mir mein Bild von diesem Volke offenbar verzerrt. Nun be-
wundere ich die außerordentliche Keuschheit in diesen Gedichten, –
wie nahe hätte gelegen, etwa bei der Venusmuschel (S. 106) den
naheliegenden Gedanken halblaut anzuschlagen! Ich meine aber
Keuschheit nicht nur im sittlichen Sinne, auch die Naturempfindungen
dieser Dichter sind bei aller Wärme und Innigkeit höchst fein, – mir
fielen deine Illustrationen zu einem Epos ein, in denen du den Nebel
zwischen den Schilfstengeln durch eingeklebte Streifen Seidenpapier
dargestellt hattest. Der Eindruck war in seiner fabelhaften Zartheit
eminent japanisch, schade, daß die Wiedergaben der Bilder in deinem
Buche notwendigerweise diese Zartheit nicht wiedergeben. Nun, aber
eine Ahnung davon habe ich doch bekommen.

Lebwohl, mein lieber Freund, – ich bedaure unendlich, daß du
gleich Ovid an den Pontos verschlagen bist, auch ich habe das Haus
voller Bombenflüchtlinge aus Berlin und empfinde gleichzeitig dop-
peltes Leid: Einmal das Mitgefühl mit der Familie von Lindenau, die
ihre herrliche Villa hat verlassen müssen, um hier eng und unbequem
eine unbestimmte Zeit abzusitzen, andererseits natürlich auch die
schweren Unbequemlichkeiten, die ein ziemlich fremder Hausbesuch
nun einmal auf die Dauer mit sich bringt. Möchte uns ein gütiges
Schicksal endlich die Türen des Kriegstempels zuschlagen, auf deren
Schwelle nunmehr das Gras nicht dieser 4 Jahre, sondern auch jener
früheren Kriegszeiten wuchert.
In Treuen [!], mein Julius, dein [M.]

(Japanische Lyrik, übertragen und herausgegeben von Julius Kurth;
Piper/München; 1943)

62b [Von Münchhausen]

Windischleuba, den 15.9. [10?] 1943
Lieber Julius,
nachdem ich nun dein japanisches Büchlein zum zweiten Male und
diesmal ganz gelesen habe, schreibe ich zu meinem ersten Briefe eine
Fortsetzung in der Überzeugung, daß es dir geht wie mir mit eigenen
Hervorbringungen: Lob oder Tadel sind ganz gleichgültig, von Wert

ist allein, wie das Werk auf Gemüt und Verstand gewirkt haben [!],
welche Gedanken der Freund daraus entwickelte und wie innig er bis
zur unerbetenen Mitarbeit – teilnahm.

Zunächst das Formelement der Tanka, das du, wie allgemein, als
31 Silben in der Verteilung von 5 und 7 auf 5 Verse angibst. Das ist
aber doch so, als ob du das Wesen der alkaischen Strophe angeben
wolltest mit 42 Silben in der Verteilung von x und y auf die Verse.
Wenn deine wunderschöne Übersetzung darin den Urtext genau
wiedergibt, muß das Versschema vielmehr lauten: Fünf ungereimte
jambische Verse, von denen 1 und 3 katalektische Tripodieen, die
anderen katalektische Tetrapodieen sind. Nur so wird die Erklärung
der Sachlage gerecht.

Neben der antiken Metrik die heutige Strophendeutung. Die Tanka
mit einem Distichon zu vergleichen kann eigentlich nur jemandem
einfallen, der weder weiß, was di und stichon heißt. Es handelt sich
nämlich durchaus nicht um «2 Zeilen», sondern um 5, deren Bau wir
dem Rispetto oder dem Sonett vergleichen müssen, in dem auf einige
Stollen ein Abgesang folgt. Ob wir die Stollen als 3 zählen wollen,
oder sie als Terzine zu einer zusammenfassen, ist ziemlich gleichgültig, auch der Abgesang kann zerlegt oder zusammengefaßt werden,
– das mögen die Schulmeister ausmachen.

Wichtig ist, daß diese Zweiteilung der reizenden Form die Tanka
in zwei ungleich Hälften zerlegt, von denen genau wie in unseren
Rispettos und Sonetten, der erste die Funktion der Prämisse, der
zweite die der Konklusion hat (intellektuell gesprochen). Oder: Der
erste das Naturbild, der zweite seine seelische Deutung gibt. Oder der
erste die Frage, der zweite die Antwort usw.

Das Sonett wird dir gegenwärtig sein mit seinem Reimschema
abba, daad, cde, dce – der Abgesang schon bei Dante überaus vielge-
staltig. Als Beispiel des Rispetto schreibe ich dir eines der reizendsten
auf einen Zettel, Heyse[119] schriebs auf sein totes Kindchen. –

---

119   Mir war, ich hört es an der Türe pochen
       Und fuhr empor, als wärst du wieder da,
       Und sprächest wieder, wie du einst gesprochen: «Darf ich hinein, Papa?»

In den Gedichten selber laß mich gleich mit der Tür ins Haus fallen: Ich fand in folgenden Fällen, daß deine Kenntnis des Textes und der japanischen Seele allzuviel in uns Laien voraussetzt, und daß eine leise Änderung das Verständnis erleichtern könnte. Meine Vorschläge sollen beileibe nicht sagen, daß das Gedicht dadurch besser geworden sei, vielmehr fuhr ich nur mit dem Pinsel an die Stelle des Bildes, die ich meinte, und da der Pinsel (leider Gottes!) von jeher lebhaft mit Farbe beschickt ist, so hat er dir dabei fast ungewollt eine Art Korrektur mehr hingepfuscht als hingetuscht. Nimm die Beckmesserei freundlich auf, du weißt ja in jedem Falle sofort, was ich wollte und meinte. Auch einige Druckfehler führe ich hier an.

S. 24 sind ein Paar Gänsefüßchen zu unrecht an das Ende des ersten Gedichtes geraten.

S. 27 Sie wandeln am Gestade. Wenn du gegen das Dorf ein Hier nötig zu haben glaubst, kannst du es leicht in den letzten Vers anstelle der allzu langen Schleppe einfügen.

S. 32 Weh mir nur nicht von hinnen
Der Mädel Hauchgestalten!

S. 33 Sagen statt wollen? Du meinst das <u>wollen</u> doch im Sinne von <u>behaupten</u>? Oder vor einer Ehe: <u>Möchten</u>?

S. 34 Wenn das wirklich, wie die Anmerkung angibt, eine ironische Strophe ist, schlage ich vor:
Nur wenn wie Wasserlinsen
Ich haltlos glitt und schwankte
Würd ich in Liebestrauer
.....

S. 36 Es sind ja immer
Gesprenkelt wie ein Hirschkalb ...

Und als ich abends ging an steilem Strand,
Fühlt ich dein Händchen warm in meiner Hand.

Und wo die Flut Gestein herangewälzt,
Sprach ich ganz laut: «Gib acht, daß du nicht fällst».

Paul Heyse

S. 40 Glieder. – Spannen scheint mir hier nicht passend.
S. 42 Der Punkt am Ende des ersten Verses störte mich.
S. 43 Was sagt die Sehnsucht
S. 51 Nach deiner Notiz schlage ich vor: Ich selber darf's nicht sagen, Doch meine Tränen dürfen's.
S. 57 Mein kurzes Leben – trotz der Kühnheit des Ausdrucks, aber nur so kommt der Gedanke heraus.
S. 73 Uralter Weiher, Ganz stumm ... Nun tönt das Wasser.
S. 84 Was ist ein Kantel, er fehlt bei Adelung, Brockhaus, Sprachwörterbuch und im Bilder-Duden.
Soviel davon.

Die Kürze dieser Form hat einen unendlichen Reiz, den ich voll ausschöpfe. Natürlich kann bei solchen Skizzen nie ein vollständiges Landschafts- oder Seelengemälde entstehen (Goethes: Es schlug mein Herz), aber das ist ja auch nicht überall und immer nötig. Diese Kürze bewahrt den japanischen Lyriker vor dem deutschen Erbübel der Langweiligkeit, die wir in den Schilderungen fast aller unserer Dichter finden, wenn sie Strophen und Seiten lang Mosaiksteinchen aneinanderkleben und damit nur die Linien verwirren und das seelische Auge quälen.

Natürlich hat auch diese Münze eine Rückseite und die heißt: Dürftigkeit, Billigkeit, Nichtigkeit. So simpele Sätzchen wie S. 125 die Neugier, S. 123 der Liebesbrief sind von den Lippen eines schönen Mädchens ganz nett und als Gruß auf einer Ansichtskarte immerhin ein Stückchen Leben. Aber als Gedichte kann ich sie nicht werten. Auch von S. 98 und 99 gilt dasselbe, da fehlt doch allzu sehr die Seele, die Tiefe.

Sehr klug ist, wie du oft die Überschrift erfunden hast, um die Tanka verständlich zu machen. Eigentlich darf diese zwar nicht teil des Gedichtes sein, aber tatsächlich ist sie nicht nur in Fontanes göttlicher Monmouth-Ballade, doch bisweilen ihm recht nötig. –

Mich verlangt zu wissen, ob die Asiaten wohl auch eine Art Ballade ausgebildet haben? Bei der Kurzatmigkeit der Tankas möchte man daran zweifeln, aber diese ist ja bestimmt kein Kennzeichen der Gelben – im Gegenteil.

Bei den Abbildungen empfinde ich meine Unkenntnis der japanischen Schneiderkunst, meine Fremdheit gegenüber diesen wandeln-
den Kleiderbündeln als störend. Mein Gott, wenn ich dabei an die
griechische Läuferin oder Byrons Athene denke! Wirklich Julius:
Wandelnde Kleiderbündel, aus denen, wie aus der Pastete ein
Hühnerbeinchen, unverhofft eine meist schlecht gezeichnete zu kleine
Hand herausspitzt. Und um das Gotteswunder des schönen Weibes
nur ja recht unsichtbar, unsinnig, unverständlich zu machen: Heftig
gemusterte Kleiderbündel.

Mit Teilnahme habe ich verfolgt, wie auch die japanischen Lyriker
ihren Le-Sing[120] zwar gelesen, aber nicht lebendig sich zu eigen
gemacht haben: Sehr viele dieser Tankas sind nur <u>Bilder</u>, d.h.
Schilderungen, während sie <u>Gedichte</u> zu sein vorgeben. Der
wundervolle Fluß in Brokat ist durchaus nur Bild, aber auch S. 62 und
mancherorts sonst fehlt das dem Gedicht Eigentliche und
Wesentliche: Vorgang, Folge, Gedanke, seelische Beziehung und
Tiefe.

Zum Schluß nach klassischem Vorbilde ein Satyr-Spiel: «Es ist
scherzhaft, aus alten Vokabeln – Neue zu fabeln» – So spiele auch ich
gern – Mit einem <u>Morgenstern</u>:
    Fritz, der sein Frühstücks-Ei versucht,
    Wird dabei etwas steif ersucht
    Zu mäßigen seine Eifersucht.
Da hast du zu einem Eifersuchtsgedicht ein zweites.
Und so weiter, aber immer dein Freund
[M.]

[Beiliegend: Gedichte von Ki no Tsurayuki, Der Bonze Noin, Der
Bonze Doin, Fujiwara no Yoshitaka, Frau Sagami, Matsuo Basho,
Aus den Liedern des Shiohi-no-Tsuto usw. 3 Blatt. Abschriften mit
wenigen Annotationen. Aus: Kurth: *Japanische Lyrik*. 1943.]

---

120   Wohl scherzhaft chinoise Verdrehung von «Lessing».

63

Dr. Kurth

(5b) Schönbruch, Kreis Bartenstein

Ostpreußen. Pfarrhaus

12. März 1944

Lieber Börries,

an Deinem heutigen Geburtstage, der Dich in unsern Orden der Sieb-
ziger versetzt, gedenke ich Deiner in besonderer Liebe und Dankbarkeit. Gott gebe Dir – und uns durch Dich – noch manches freundliche Jahr in alter Kraft und guter Gesundheit! Er erhalte unserm
Vaterlande noch recht lange den größten deutschen Balladendichter,
dessen Freundschaft mich stolz und glücklich macht! Meine Frau
schließt sich meinen Segenswünschen von Herzen an. Heut erheben
Dich ganz gewiß bedeutendere Verehrer Deiner großen Kunst auf den
Schild, aber herzlicher kann es keiner mit Dir meinen, als ich. Wenn
wir uns doch wiedersehen könnten! Das ist seit Jahren mein inniger
Wunsch!

Noch immer liegt Dein langer lieber Brief vom 15. September
[Okt.?] v. J. unbeantwortet vor mir, der sich so eingehend in meine
«Japanische Lyrik» vertieft. Daß ich Dir erst heut dafür von ganzer
Seele danke, liegt in der furchtbaren Zeit. Wir leben nur noch von
einem entsetzlichen Luftangriff auf Berlin zum andern und sind in fast
ununterbrochener Sorge und Aufregung, daß mir die Muße zu einem
behaglichen Briefe fehlt. Wie durch ein Wunder ist mein Heim, dessen Kunst- und Wissenschaftsschätze nur zum Teil geborgen werden
konnten, in diesem Trümmerhaufen, der sich bisher «Berlin» nannte,
erhalten geblieben. Unter den geretteten Gegenständen befinden sich
auch Deine zahlreichen Manuskripte. Sie liegen gegenwärtig fest ver-
packt in einem wenig gefährdeten Orte[121] bei Halle a. S. Ein Lehrer
Erich Neumann[122] schrieb neulich an mich, er wolle sie mit Schriften

---

121   Wohl: Gerbstedt.
122   Erich Neumann, 1903–1979, Volksschullehrer aus Alt-Krüssow, Sammler
      von Münchhauseniana (heute in der Staatsbibliothek zu Berlin). Münch-
      hausen ernannte ihn zu einem (seiner drei) Nachlaßverwalter. Ob Neumann

in seinem Besitze kollationieren. Ich mußte ihn bis zum Kriegsende vertrösten.

Mein ältester Sohn ist der einzige unsrer Familie, der noch in der Metropole sitzt. Alle andern sind nach den vier Winden zerstreut. Mein jüngerer Sohn Wolfram steckt augenblicklich als Stabsarzt in Lemberg. Er hat zu seinem Dr. med. und Dr. phil. auch noch den Dr. med. habil. mit Auszeichnung gebaut und am 10. Februar zwischen zwei Bombentagen auf der Berliner Universität seine glänzend besuchte erste Vorlesung gehalten. Die Fakultät hat beschlossen, seinen Vortrag an alle Ärzte Deutschlands zu senden. Sobald er gedruckt ist, bekommst Du ein Exemplar. Er hat uns schon zweimal hier besucht und will demnächst wiederkommen. Auch mein älterer Sohn, Bibliothekar bei der AEG, zur Zeit aber «Bunkerwart», will Ostern hierherkommen.

Zur «Lyrik»: Die Gänsefüßchen S. 24 stehen richtig. Vgl. S. 23! Schluß der direkten Rede.

S. 23 «sagen» = «möchten»

S. 42 Der Punkt ist ein dummer Druckfehler – ich glaube, der einzige im Büchlein.

S. 81 Ein Kantel ist ein in Berlin sehr bekanntes schmales Lineal mit quadratischem Querschnitt. Ich hielt den guten Ausdruck für Hochdeutsch. Auch «Kordel» müßte hochdeutsch sein.

Amusiert hat mich, daß Du meine lieben Japanholzschnitte als Garderobenständer in dem Eimer schätzest. Das ist beinahe so, als wenn Strindberg die babylonischen Keilschriften für zufälligen Würmerfraß hält. Aber Du und Strindberg dürfen sich so etwas schon leisten.

Summa summarum: Es war mir eine unbändige Freude, daß ein Börries von Münchhausen meinen Versuch anerkannt hat. Unter den zahlreichen sehr glänzenden Rezensionen war mir diese die wertvollste. Demnächst die der Kaiserin Hermine: Man merke nicht, daß die Poesien eine Übersetzung seien.

Aber nun Schluß! Du wirst in diesen Tagen genug zu lesen haben!

später auch Stücke des Kurth-Archivs übernommen hat, ist nicht bekannt. Sein Archiv umfaßte ebenfalls mehr als 1000 Positionen.

Von mir schreibe ich nur mit Horaz:
  Inter spem curamque, timores inter et iras
  Omnem crede diem tibi diluxisse supremum![123]
Mit besten Grüßen von Haus zu Haus
und in herzlicher Liebe und Dankbarkeit Dein
JK

64 [Von Münchhausen]

Windischleuba, den 18.4.44

Mein lieber Julius,

ich danke Dir von Herzen für Deinen lieben Brief zu meinem Sieb-
zigsten, mit dem du mir eine besondere Freude gemacht hast. Ich lege
dir hier eine amtliche und eine private Beschreibung der Feier bei mit
der Bitte um Rückgabe. – Zu Deinem dreifachen Doktorsohne be-
glückwünsche ich dich von Herzen, was kann einem Vater Besseres
geschehen als dies. Und der akademische Beruf ist ohnehin, wenn
man der Kerl danach ist, der Himmel auf Erden, das habe ich an
Riehl[124], Wilamowitz[125], Erich Schmidt[126], Kuno Fischer[127] gesehen.

---

123 Horaz: *Epistulae* I, iv, 12. Stets bei der Hoffnung und Sorge, so wie bei der
     Furcht und dem Zorne Halte jeglichen Tag für den letzten, welcher dir
     leuchtet.
124 Wilhelm Heinrich Riehl, Biebrich 6. Mai 1823–16. Nov. 1897 München,
     Journalist und Kulturhistoriker, 1859 Ordinarius für Kulturgeschichte und
     Statistik an der Universität München. Vgl. Arndt Brendecke: Riehl, Wilhelm
     Heinrich von. *NDB* 21.2003, S. 588–590.
125 Ulrich von Wilamowitz-Moellendorff, Gut Markowitz 22. Dez. 1848–25.
     Dez. 1931 Berlin, Altphilologe, 1893–1897 Professor in Göttingen, an-
     schließend in Berlin. Vgl. Hans-Albrecht Koch: Wilamowitz-Moellendorff,
     Ulrich von. *Deutsche Biographische Enzyklopädie* 10.1999, S. 494–495.
126 Erich Schmidt, Jena 20. Juni 1853–29. Apr. 1913 Berlin, Germanist und
     Literaturwissenschaftler, seit 1887 Professor für deutsche Sprache und
     Literatur an der Berliner Universität, 1885 Mitglied der Preuß. Akademie der
     Wissenschaften. Vgl. Wolfgang Höppner: Schmidt, Erich. *NDB* 23.2007,
     S. 182–183.
127 Kuno Fischer, Sundewalde, Schl. 23. Juli 1824–5. Juli 1907 Heidelberg, Phi-
     losoph, 1855–1872 Professor in Jena, dann in Heidelberg. Vgl. *NDB* 5.1961,
     199 (Edith Selow).

Hoffentlich bekomme ich seinen Vortrag einmal zu sehen und noch lieber ihn selber.

Offenbar hast du einen Ausdruck von mir in die verkehrte Kehle bekommen, und ich weiß nicht recht, ob der «Garderobenständer» ein Scherz war oder worauf er sich bezog (auf Deine Übersetzung oder die traditionelle Form des japanischen Gedichtes). Denn Dein Büchlein gehört zu den Kostbarkeiten, die an eine kleine Gruppe auserwählter Freunde zur Ansicht gehen, und so hat mein lieber Ernst Volkmann[128] zur Zeit noch Buch und Brief dort, und ich kann nicht nachschlagen.

Da du mit einem Horaz-Zitate schließt, laß auch mich ein gleiches tun – am Abend der Feier fiel mir der Vers ein

Et jam dente minus mordeor invido[129]

aber er paßt insofern nicht ganz, als derartige Feiern den Zahn des Neides immer noch einmal doppelt schärfen, wie gewisse Südsee-Insulaner die ihrigen. Sie halten nur die Lippen fester darüber geschlossen und warten darauf, daß ich tot bin.

In alter Freundschaft, lieber Julius, Dein getreuer [B.]

65

Dr. Kurth
(5b) Schönbruch Kr. Bartenstein
Ostpreußen. Pfarrhaus

26. April 1944

Lieber Börries!

Mit herzlichem Dank für deinen lieben Brief vom 18. d. M. sende ich die «amtliche und private Beschreibung» deines 20. März zurück und füge noch bei, was mir darüber von Zeitungsausschnitten in die Hände kam. Vielleicht ist einer dazwischen, den du noch nicht hast.

---

128   Ernst Volkmann, Kettwig 15. Febr. 1881–27. März 1959 Hamburg, Danziger Senator und Mitglied der Gesellschaft der Bibliophilen, wurde von Münchhausen zu einem seiner drei Nachlaßverwalter bestimmt. Vgl. auch Volkmann: Börries, Freiherr von Münchhausen. *Imprimatur* 10.1950/51, 199–203.

129   Horaz: *Carmina,* IV,3, 13–16. *Und schon weniger nagt neidischer Zahn an mir* (Voß).

Daß dich die glorreiche Feier nicht zermürbt hat, ist ein Wunder. Wie viel hätte ich darum gegeben, wenn ich hätte dabei sein können! Daß man dich trotz «Juda»[130] derartig anerkennen mußte, wird dir eine besondere Genugtuung sein.

Der «Zahn des Neides» hat mir Spaß gemacht. In meinem Gebiß ist er nur wenig vertreten: Ich beneide manchen Menschen um die Kunst- und Altertumsgegenstände, die er besitzt, aber niemals um seine Geistesgaben und deren Erzeugnisse. Im Gegenteil habe ich mir die freudig-jugendliche Bewunderung vortrefflicher Kunstwerke – z.B. deiner! – bis in mein hohes Alter bewahrt. Der einzige Mensch, den ich allenfalls beneide, bin ... ich selber.

Deine Äußerungen, gegen die ich losband, gingen weder auf «meine Übersetzung, noch die traditionelle Form der japanischen Gedichte» (ich habe dir ja geschrieben, wie sehr mich dein Urteil erfreut hat!) sondern auf deine Bemerkungen über japanische Holzschnitte, mit denen ich das Büchlein bebildert habe und denen ich ja einen großen Teil meiner Lebensarbeit gewidmet habe. Daß du diese mir außerordentlich lieb gewordenen Blätter in den Eimer schätzest, wundert mich um so mehr, als sie von andern Dichtern sehr gelobt werden. Denen müssen sie also doch Anregungen geben! Natürlich muß man sich in ihre Kunstformen genau so hineinsehen, wie etwa in mittelalterliche Miniaturen. Deshalb braucht man noch lange nicht so restlos davon begeistert zu sein, wie es die Brüder Goncourt[131] waren. –

Wir haben ein ziemlich trübes Osterfest erlebt: Meine Frau hatte eine Lungenentzündung durchzumachen. Sie ist davon genesen, aber immer noch sehr schonungsbedürftig. Vorige Woche war unser Älte-

---

130 *Juda. Gesänge.* Buchschmuck von E. M. Lilien. Berlin: Lattmann 1900. [96 S.]

131 Edmond Goncourt, Nancy 26. Mai 1822–16. Juli 1896 Champrosay bei Paris, und Jules Goncourt, Paris 17. Dez. 1830–20. Juli 1870 Paris, Schriftsteller; sie gelten als Begründer des Naturalismus und stifteten den renommierten Prix Goncourt; sie gehörten zu den frühen Sammlern japanischer Farbholzschnitte in Europa. Vgl. *Archives biographiques françaises* I 464, 88–120; II 305, 312–312; IIS 44, 261–264; III 216, 439–455; 246, 106–108.

ster auf Besuch hier, diese Woche erwarten wir unsern Jüngsten, den Mediziner.

Ich dichte um so mehr, je älter ich werde. Und diese Greisenge-schwätzigkeit erfreut mich restlos, weil sie mir schwere Stunden verscheucht und keinem auf die Nerven fällt. Außerdem treibe ich verschiedene wissenschaftliche Studien. Graf Siegfried Eulenburg[132], der in der Nachbarschaft ein Schloß hat und mit dem ich öfter Schach spielte, hat mir seine wertvolle Bücherei, besonders Werke des 18. Jahrhunderts, zur Verfügung gestellt, und ich exzerpiere nach Her-zenslust.

Mit herzlichen Grüßen von Haus zu Haus und in alter, bewundernder Freundschaft dein

JK

---

132 Siegfried von Eulenburg-Wicken, Wicken 10. Okt. 1870–18. Okt. 1961 Lindau, preußischer Offizier, Freikorpsführer, besaß das Gut Wicken im Kreis Bartenstein.

Namenregister